Español para hablantes de herencia

CURSO DE ESPAÑOL COMO LENGUA DE
HERENCIA. PRIMER SEMESTRE.

MARGARITA CASAS

Linn-Benton Community College

Unidad 1
Nuestra identidad

Unidad 2
Raíces hispanas y el idioma español

Unidad 3
Comida e identidad

Unidad 4
¿Que la historia los absuelva?

Unidad 5
Mitos y leyendas

Apéndice A
Acentos

Apéndice B
Actividades de mecanización en Quia.com

En Internet
Actividades multimodales para hablantes de herencia (OER)

HTTPS://MOODLE.LINNBENTON.EDU/COURSE/VIEW.PHP?ID=**13582**

Para los estudiantes

¡Bienvenidos! Ojalá que con estas páginas aprendas no solo acerca de tu idioma, sino también de tu identidad cultural y de las muchas culturas que comparten el español como su herramienta de comunicación.

Para los profesores

Comencé a enseñar clases de español para hablantes de herencia hace varios años. Junto con esta aventura inicié también la búsqueda del libro de texto "perfecto". Sin embargo, por alguna razón u otra, nunca apareció. Fue esa la razón por la que decidí escribir mis propios materiales.

Una de las consideraciones principales para decidirme a escribir materiales fue el precio exorbitante de los libros de texto. Además, la mayoría de los libros parecía más bien un texto para enseñar a escribir. Aunque es cierto que ese es uno de los objetivos de la clase, también es cierto que un libro de esa naturaleza no es una herramienta muy útil cuando uno desea la participación de los estudiantes: que hablen, que den sus opiniones, que aprendan unos de otros.

Los materiales que aquí presento son un reflejo de mi filosofía: Aunque todas las variantes de un idioma deben tener validez, nuestros hablantes de herencia deben adquirir la habilidad de distinguir entre lo que es coloquial y lo que se considera estándar. Los alumnos que deciden tomar esta clase generalmente son estudiantes que recibieron toda su educación en inglés. Al usar el español no tienen problemas para comunicarse en situaciones de la vida diaria, pero podrían incrementar su vocabulario y gramática para desenvolverse en situaciones más formales, y así poder usar la lengua profesionalmente y con seguridad, sin preocuparse si es "espanglish" o no. Entre los materiales hay numerosos ejemplos que contrastan el español influenciado por el inglés con el que no lo está, así como las estructuras gramaticales que producen interferencia para quienes conocen el inglés y el español.

Además de mejorar sus habilidades, los estudiantes aprenderán sobre su idioma, como una estrategia para cultivar su capacidad de análisis. Así mismo, estas páginas aportan numerosos ejemplos de las variaciones del español en el mundo, así como la gran diversidad de culturas e historias que se agrupan bajo la palabra "hispano". No menos importante, estas páginas proveen de un espacio para que nuestros estudiantes puedan explorar su identidad.

Tras enseñar tres clases secuenciales para hablantes de herencia, decidí convertir mis materiales a un formato OER (*Open Educational Resources*). Estos materiales incluyen cuatro unidades temáticas y se pueden encontrar en las páginas de COERLL y en la página OER para hablantes de herencia en LBCC. Las cinco unidades que aquí se presentan están basadas en esos materiales originales, pero han sido mejoradas y he añadido nuevas secciones e información para despertar el interés de los estudiantes. Las cinco unidades presentan suficiente material para cubrir un semestre.

Con el objetivo de mantener los materiales a un costo accesible, he evitado el uso de textos que requieran el pago por concepto de autor, pero el Internet ofrece una variedad increíble de literatura a la que los estudiantes pueden acceder gratuitamente. Además de asignarles cuentos de autores reconocidos, una de mis actividades favoritas es que lean noticias en alguno de los diarios más importantes, y redacten un análisis que incluya un resumen, un comentario sobre la importancia de esa noticia, y un comentario sobre cómo les afecta personalmente esta noticia.

Otro recurso valioso son los videos de *TedTalk* en español. No solo ofrecen una gran variedad de temas interesantes para explorar, sino que también exponen a los estudiantes a acentos diferentes. En mi página OER de LBCC pueden encontrar actividades OER para acompañar algunos videos de TedTalk.

Los temas explorados y la gramática también tienen como objetivo darles las herramientas necesarias a los estudiantes que decidan continuar el estudio formal de esta lengua.

¡Suerte con sus cursos, y prepárense para aprender mucho de sus estudiantes y de sus historias personales!

La organización de los materiales

Cada unidad explora un tema diferente y está dividida en las siguientes secciones:

Lectura   Es un artículo breve que presenta el tema y muestra parte del vocabulario en contexto. Incluye una sección de comprensión y una de conversación sobre el tema.

Vocabulario Esta sección añade vocabulario esencial para explorar el tema, así como actividades para controlar mejor ese vocabulario y expandirlo. Se ofrecen varias actividades para practicarlo, así como actividades adicionales de conversación. Aunque muchas palabras de la lista parecen demasiado básicas, es una manera de resaltar lo que los alumnos ya saben. Una actividad excelente es pedirles que trabajen en parejas y se expliquen las palabras (sin decirlas), para que su compañero les diga cuál están explicando.

Diferenciemos el inglés del español Una de las dificultades más grandes que tienen los hablantes de herencia es interferencia del inglés en sus conocimientos del español. Esta sección busca entender la diferencia entre el español estándar y el llamado espanglish, el cual no puede ser fácilmente comprendido por hispanohablantes de otros países, particularmente si no hablan inglés. El objetivo de esta sección no es eliminar el espanglish -el cual puede ser parte de la identidad de los estudiantes-, sino reconocer cuando se usa, y ayudar a los estudiantes a familiarizarse con el uso de palabras y expresiones usadas en los diferentes países hispanos.

Cuaderno de gramática y lengua En esta sección se van presentando temas gramaticales que ayudarán a los estudiantes a entender cómo funciona la lengua y a tener más control sobre las estructuras. Además de ejercicios, estas páginas incluyen explicaciones que pueden ser usadas como referencia. En varias ocasiones la sección comienza con un breve cuestionario (*¿Ya lo sabes?*) en el que los alumnos deben decidir qué opción les parece la correcta. El cuaderno de gramática es también un apoyo para los profesores que tengan clases mixtas (con estudiantes de herencia y de español como segunda lengua).

Ortografía Esta sección presenta varios temas que típicamente son difíciles para los estudiantes. Por supuesto, se incluyen actividades para practicar.

Nuestras culturas El objetivo de este segmento es presentar diferentes aspectos de las culturas hispanas. En algunas unidades se habla de temas que unen a todos los países hispanohablantes, y en otros el objetivo es profundizar más en las culturas de un país específico.

Para explorar Esta parte propone temas que los estudiantes pueden explorar y posiblemente presentar ante la clase. Los temas sugeridos les permiten a los estudiantes leer en español, sintetizar la información y presentarla. En la mayoría de los casos los temas sugeridos permiten profundizar en varias culturas hispanas y sus valores, así como mostrar la gran diversidad de culturas.

Para escribir mejor Información útil para escribir en general.

A escribir Se sugiere aquí un tema para escribir una composición formal relacionada con los temas explorados en cada unidad, o un documento de uso profesional, como un Curriculum Vitae.

El mundo del trabajo Esta sección es flexible. A veces es un texto que explora las diferentes profesiones que requieren de empleados bilingües, y a veces practica habilidades necesarias, como traducir o interpretar, o usar el registro correctamente.

Biografías El objetivo de las biografías es presentar a hispanos notables tanto en los Estados Unidos como de otros países. Las biografías funcionan también como lecturas adicionales, y van seguidas por actividades de comprensión y de conversación.

Curiosidades Esta página ofrece información sobre temas diversos o interesantes que puedan ser del interés del alumnado. El formato de pequeñas cápsulas informativas permite usarlos de manera casual si una clase tiene cinco o diez minutos adicionales.

Redes sociales El internet está inundado de fotografías, chistes, memes e infografías con información interesante que puede llevar a discusiones interesantes en una clase de lenguas. Esta sección ofrece la misma flexibilidad que la sección de Curiosidades, y puede invitar a los estudiantes a expresar su creatividad a través de la elaboración de sus propios memes.

Actividades de mecanización en Quia

En el segundo apéndice del libro se puede encontrar una lista con actividades que pueden ser asignadas en Quiz.com. Todas las actividades del libro están disponibles en la página español_como_herencia:
https://www.quia.com/pages/mcasas/page104

En Internet

Actividades multimodales para hablantes de herencia (OER)

HTTPS://MOODLE.LINNBENTON.EDU/COURSE/VIEW.PHP?ID=13582

UNIDAD 1
NUESTRA IDENTIDAD

CONTENIDO Y OBJETIVOS

Objetivos

o Reflexionarás sobre tu cultura y tu identidad.

o Analizarás textos relacionados con el tema de la identidad de una persona.

o Te familiarizarás con los conceptos básicos del español, como la división en sílabas, la ortografía de los números y los conceptos de género y número.

o Aprenderás la historia de los apellidos

o Analizarás porqué ocurre el Espanglish y discutirás el papel que juega en tu vida.

Antes de leer

Piensa en tu identidad. ¿Te consideras hispano o latino? Habla con un(a) compañero(a) y expliquen sus preferencias.

¿Son sinónimos estas dos palabras o hay diferencia en el significado?

¿Eres hispano(a) o eres latino(a)?

En el mundo hay aproximadamente 442 millones de personas que hablan español como su lengua materna (*Ethnologue*, 2018), por lo que el español es la segunda lengua más hablada del planeta. Un número **semejante** de personas habla el inglés como su lengua natal.

De acuerdo con el último censo disponible de los Estados Unidos, en este país, 57 millones de personas se consideran hispanas (2017). De éstas, aproximadamente 41 millones hablan español como su **lengua materna**, pero más de 52 millones hablan este idioma.

El significado de la palabra *hispano* es que una persona habla español o proviene de un país en donde se habla este idioma oficialmente. Cabe preguntarse: Si hay 57 millones de hispanos, ¿cómo es que solo 41 millones hablan español? ¿Puede considerarse una persona hispana aunque no hable este idioma? ¿Qué características tienen en común estas personas para poder **conformar** un solo grupo, a pesar de **provenir** de 21 países diferentes?

Aunque el significado del **término** *latino* es diferente al de la palabra *hispano*, el censo de los Estados Unidos creó una gran confusión sobre sus significados al considerarlos sinónimos. De acuerdo a varios estudios, de los 57 millones de hispanos en los Estados Unidos, sólo al 24% le gusta identificarse como *hispano* o *latino*. La gran mayoría de las personas de origen español o latinoamericano prefiere identificarse por su **nacionalidad**, aunque solamente un 23% de quienes nacieron en Estados Unidos prefiere llamarse ''estadounidense''.

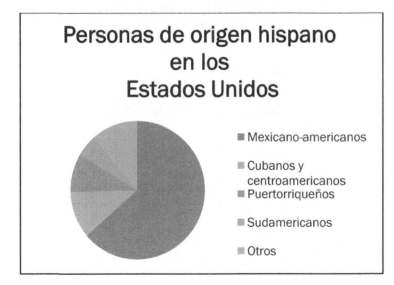

Personas de origen hispano en los Estados Unidos

- ■ Mexicano-americanos
- ■ Cubanos y centroamericanos
- ■ Puertorriqueños
- ■ Sudamericanos
- ■ Otros

Mexicanoamericanos 63.3%

Cubanos y centroamericanos* 12.3%

Puertorriqueños 9.5%

Otros 9.9%

Sudamericanos (Argentina, Colombia, Chile, Ecuador, Perú, Venezuela) 5.2%

SOURCE: *PEW Research Center. Datos del 2015.*

*Después del 2016 ha aumentado significativamente el número de migrantes centroamericanos y puertorriqueños, mientras que la inmigración de México continúa disminuyendo.

COMPRENSIÓN

1. ¿Cuáles son las tres ideas principales del texto?

2. En tu opinión, ¿cuál es la intención del artículo?

3. Responde con tu opinión las dos preguntas que se hacen en el texto:

  ¿Puede considerarse que las personas que no hablan español sean hispanos?

  ¿Qué características tienen en común estas personas para poder conformar un solo grupo?

CONVERSACIÓN

En el texto no se da una definición para la palabra "latino". Trabaja con un compañero para escribir una definición de esa y de las otras palabras de la siguiente lista.

- o latino(a)
- o hispano(a)
- o mexicano(a)
- o español(a)
- o chicano(a)

> **La controversia**
> En tu opinión, ¿hay alguna diferencia entre preferir el término "latino(a)" y el de "latinx"? Explica.

OPINIONES

A pesar del claro significado de la palabra *hispano*, según un estudio del *Pew Research Center*, la mayoría de los hispanos que viven en los Estados Unidos no piensa que hablar español sea necesario para identificarse como hispano. En tu opinión, ¿qué es necesario?

> **¿Es necesario hablar español para considerarse hispano?**
>
> El Centro de investigaciones PEW hizo esta pregunta, y estas fueron las respuestas de las personas que se consideran hispanas o latinas.

	no es necesario	es necesario
Todos	71%	28%
Nacidos fuera de Estados Unidos.	58%	41%
Nacidos en los EE. UU.	87%	11%

PEW Research Center, 2015.

Sustantivos	orgullo	anglosajón	**Verbos**
apariencia	raza	caucásico	asimilarse
apellido	ser humano	estadounidense	considerarse
apodo	subgrupo	hispanoamericano	discriminar
características	**Adjetivos**	hispanoparlante	identificarse
etnia	afroamericano	iberoamericano	
etiquetas	amerindio	indígena	
herencia cultural	angloparlante	latinoamericano	

A practicar

a) **Definiciones** Las siguientes palabras aparecen en la lectura al principio de este capítulo. Trabaja con un compañero para escribir una definición o dar un sinónimo para cada una y después úsenla en una oración.

conformar _____

lengua materna _____

nacionalidad _____

provenir _____

término _____

b) **¿Estás de acuerdo?** Trabajen en parejas. Lean las afirmaciones y digan si están de acuerdo o no, y expliquen por qué.

1. Mi identidad está basada en quién soy, no en lo que otros creen que soy.

2. Los seres humanos se clasifican en razas y etnias.

3. Todos los hispanos compartimos la misma cultura.

4. *Mexicano* y *puertorriqueño* son ejemplos de razas.

5. No deberían existir etiquetas para agrupar a la gente, porque así no habría discriminación.

6. En realidad solamente hay una raza: la raza humana.

7. Mis mejores amigos comparten muchos rasgos de mi identidad.

8. Es muy importante conocer a personas con identidades diferentes a la propia.

a) ¿Quién eres y cómo eres?

Piensa en cinco o seis palabras que te describen. Escríbelas en el cuadro de abajo y después habla con varios compañeros acerca de sus descripciones. ¿Qué tienes en común con tus compañeros? ¿Qué es diferente?

b) Características

En la lectura inicial se habló de cuatro subgrupos de hispanos en los Estados Unidos. Trabajen en grupos para hablar de algunas características culturales de estos grupos. ¿Qué diferencias hay? ¿Qué tienen en común?

    centroamericanos

    cubanos

    mexicanos

    puertorriqueños

c) Lengua e identidad cultural

Trabajen en parejas para responder las preguntas y dar sus opiniones.

1. La palabra hispano define a una persona de todos los países donde se habla español. ¿Qué palabra hay para referirse a una persona de un país donde se hable el inglés?

2. Muchos descendientes de inmigrantes decidieron no enseñar su idioma materno a sus hijos. ¿Por qué crees que tomaron esta decisión?

3. ¿Cómo aprendiste el español? ¿Qué hizo tu familia para que aprendieras?

4. Si un día decides tener hijos, ¿les enseñarían español? ¿Por qué?

5. Si respondiste que sí a la pregunta anterior, ¿qué estrategias usarías para enseñarles el español a tus hijos?

6. ¿Qué diferencias hay entre el español que hablas tú y el que habla alguien que nació y creció en un país de habla hispana?

Investigación

Busca en Internet algunos consejos para criar niños bilingües. Reporta las estrategias que encuentres y compáralas con tu experiencia personal. Después de una recomendación adicional.

---

d) ¿Quiénes somos? Completa las oraciones de abajo con palabras que te describan. Después circula por la clase para encontrar compañeros que se hayan descrito con palabras semejantes. Usa el espacio en blanco para tomar notas sobre los nombres para reportar a la clase.

1. Soy _____

2. Soy _____

3. Soy _____

4. Estoy _____

5. Estoy _____

6. Estoy _____

Nota lingüística

¿Por qué en español se usan dos verbos (**ser** y **estar**) cuando en inglés solamente se usa *to be*? ¿Cuál es la diferencia?

e) Nuestra identidad Nuestra identidad no es una sola etiqueta como "hispano" o "latino". Somos seres complejos y hay muchos factores más que explican quiénes somos. Completa el diagrama de abajo para reflexionar en tu identidad. Comenta con un(a) compañero(a) de la clase: ¿Cuáles de estos factores son los más importantes en tu identidad? Los círculos adicionales son para que escribas otros factores que explican quién eres.

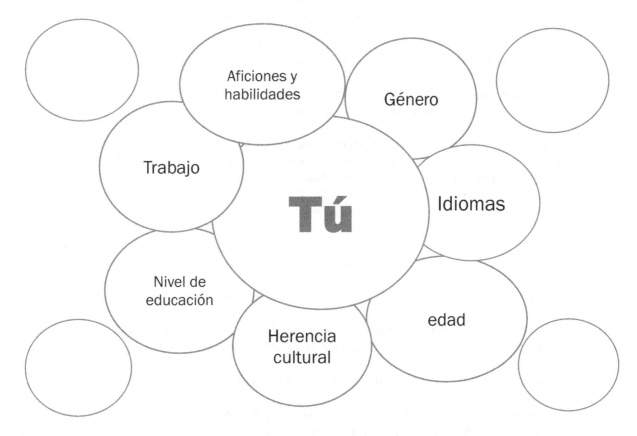

f) Una canción Preséntale a la clase una canción o una poesía con la que te identifiques.

EL ALFABETO (ABECEDARIO)

Los alfabetos en inglés y en español son muy similares. El alfabeto español ha variado con los años. Por ejemplo, varias letras han desaparecido, entre ellas la che [ch], la doble ele [ll], y la doble ere [rr].

Aunque los alfabetos son similares, hay algunas diferencias importantes. En clase hablaremos sobre estas diferencias, lo que te ayudará a leer en voz alta con confianza (en caso de que no lo hayas hecho antes).

El alfabeto español

A	B	C	D	E	F
G	H	I	J	K	L
M	N	Ñ	O	P	Q
R	S	T	U	V	W
X	Y	Z			

El alfabeto español fue diseñado para facilitar la escritura. Es una escritura fonética, es decir que básicamente, lo que se escribe es lo que se lee, con muy pocas excepciones. Observa las siguientes consideraciones:

o La letra **h** es una excepción ya que no tiene ningún sonido, pero se debe escribir para respetar el origen etimológico de las palabras que la necesitan.

o Aunque las letras dobles (**ch**, **ll** y **rr**) hayan desaparecido del alfabeto, al ocurrir dentro de las palabras mantienen un sonido original. Por ejemplo, el sonido de la **ll** no es igual al de dos eles. Estas letras no se pueden separar cuando se divide una palabra en sílabas.

o La letra **q** siempre va seguida de la letra **u**, pero en este caso la **u** no suena.

o La letra **g** tiene un sonido suave si la siguen las vocales **a**, **o** y **u** (por ejemplo, *ganas*, *gorila*, *gusto*). Su sonido es fuerte si va seguida de la **e** o la **i** (por ejemplo, *gelatina*, *gitano*).

o Al principio de una palabra la letra **r** siempre tiene el sonido de la doble erre: radio, ratón.

o La **ñ** es una letra única del español. No es una simple *n*, y escribir *n* en vez de **ñ** cambia el significado de las palabras. ¿Cuál es la diferencia entre *una* y *uña*? ¿ Y entre *año* y *ano*?

o Muchas palabras del español requieren de un acento (también llamado *tilde*).

o Al escribir una pregunta o una exclamación, es indispensable indicar dónde comienza con los signos respectivos de interrogación (¿) y de exclamación (¡).

A lo largo de este curso practicarás estos y otros principios en la sección llamada **Ortografía.**

La ortografía de los números

1	uno	12	doce	30	treinta
2	dos	13	trece	31	treinta y uno
3	tres	14	catorce	32	treinta y dos
4	cuatro	15	quince	40	cuarenta
5	cinco	16	dieciséis	50	cincuenta
6	seis	17	diecisiete	100	cien
7	siete	18	dieciocho	101	ciento uno
8	ocho	19	diecinueve	500	quinientos
9	nueve	20	veinte	1000	mil
10	diez	21	veintiuno	1.000.000	un millón
11	once	22	veintidós		

Hace mucho tiempo se aceptaba escribir con palabras separadas los números entre 15 y 30 (por ejemplo, *diez y seis*). Sin embargo, esta regla cambió hace más de cuarenta años y ahora solamente se considera correcto escribirlos en una palabra.

Observa que los números no tienen género, pero cuando se usan para modificar a un sustantivo, aquellos que terminen en -**_un_** o en -**_er_** deben cambiar a la forma femenina si se refieren a un sustantivo femenino.

> *Hay **treinta y un** estudiantes en la clase.* *Hay **veintiún** países en donde se habla español.*

> *Hay **treinta y una** páginas en el capítulo.* *Hay **veintiuna** personas en la lista.*

Observa también que la traducción de "*one thousand*" generalmente no se traduce como "un mil", sino solamente *mil*. Por ejemplo, la fecha 1938 se dice *mil novecientos treinta y ocho*.

¡Atención! El plural de *millón* pierde el acento: millones.

Foto: cortesía de Gerardo Kloss

A PRACTICAR

Escribe los siguientes números:

a) 1 115 _____

b) 534 _____

c) 23 744 _____

d) 2 301 100 _____

La oración y las partes del idioma

Seguramente ya sabes que una oración se divide en **sujeto** y **predicado**. Dentro de una oración también encontramos palabras que se clasifican en categorías lingüísticas como **adjetivos**, **adverbios**, **artículos**, **sustantivos**, **preposiciones** y algunas otras. Lee las siguientes oraciones y decide qué parte del idioma es cada una de las palabras.

adjetivo	adjetivo posesivo	adverbio	artículo	conjunción
negación	pronombre personal	preposición	sustantivo	verbo

1. Mi familia vive en una comunidad pequeña.

2. Yo estoy tomando clases difíciles.

3. Leí rápidamente y ahora estoy listo para la clase.

4. La gente prefiere no trabajar los fines de semana.

Notas importantes

1) A diferencia del inglés, los adjetivos deben concordar con el sustantivo que describen. En otras palabras, deben cambiar a femenino o masculino y singular o plural, dependiendo del sustantivo al que se refieran.

Soy *inteligente* → somos *inteligentes*

Es un libro *largo* → es una novela *larga*

2) Es posible (y preferible) omitir los pronombres personales, a menos que haya duda de quién es el sujeto.

~~Yo~~ soy de California.

3) A diferencia del inglés, el artículo definido es necesario al principio de una oración si hay un sustantivo.

Spanish is a beautiful language → **El español** es un idioma bonito.

Aprenderás más sobre el uso de los artículos en la Unidad 5.

Las reglas generales de género y número

En el idioma español los sustantivos tienen género (femenino o masculino), y número (singular o plural). El género de una palabra es arbitrario y se decide por cuestiones meramente lingüísticas. Por ejemplo, la palabra vestido es masculina porque termina en "o", aunque su uso se asocie con la vestimenta de las mujeres.

Las siguientes son las reglas más útiles para reconocer el género de una palabra.

GÉNERO MASCULINO

1) El 99% de los sustantivos que terminan en *–o* son masculinos.

Excepciones más frecuentes: la mano   la moto   la radio

2) La gran mayoría de las palabras que terminan en *–r* o *–l* son masculinas.

Excepciones más frecuentes: mujer   flor   cárcel   miel

3) Más del 90% de las palabras que terminan en **–n**, o **–s** son masculinas.

Algunas excepciones: imagen   razón   res   tos

4) Si la palabra termina en **–e**, hay aproximadamente un 90% de posibilidades de que sea una palabra masculina.

Algunas excepciones: clase   llave

5) Si la palabra puede referirse a un hombre o a una mujer, el género se indicará en el artículo:

    el/la estudiante   el/la presidente   el/la gerente

6) Las culturas ancestrales de las Américas terminan en la letra a, pero son palabras masculinas:

    los aztecas   los incas   los mayas   los olmecas

GÉNERO FEMENINO

1) Casi todas las palabras que terminan en *-a* son femeninas. Sin embargo, hay muchas palabras que entraron al español del idioma griego, y estas tienden a ser excepciones.

Excepciones más frecuentes: el aula   el día   el mapa   el planeta

                    el poema   el problema   el tema

2) Así mismo, todas las palabras que terminan en *-ción*, *-ie* y *-umbre* son femeninas

3) Con pocas excepciones, las palabras que terminan en *–dad*, *-tad* y *–tud* también son femeninas.

Género y número de sustantivos y adjetivos

El género es un concepto arbitrario de la lengua. En español un sustantivo se puede considerar masculino o femenino. Casi siempre una palabra que termina en o es masculina, y una que termina en a es femenina, pero hay excepciones que hay que recordar. Las palabras que terminan en **e** o en consonante, deben conocerse para saber si son femeninas o masculinas. Si tienes dudas, consulta un diccionario.

A practicar

a) Sustantivos Escribe junto a la palabra si es masculina (**M**) o femenina (**F**)

idioma _____   televisión ____   problema ____

vestido ____   día ____   foto ____

salud ____   relación ____   programa ____

reunión ____   labor ____   mujer ____

conferencia ____   administración ____   azúcar _____

b) Dos posibilidades Los siguientes sustantivos pueden ser femeninos o masculinos, pero cambian de significado. Trabaja con un compañero para hacer una oración con el sustantivo femenino y una con el sustantivo masculino.

1.   el frente/ la frente   5.   el coma/la coma

2.   el cura/la cura   6.   el corte/la corte

3.   el guía/ la guía   7.   el cólera/la cólera

4.   el papa/ la papa   8.   el radio/ la radio

c)   La concordancia Las siguientes oraciones tienen errores de concordancia. Corrígelos.

1. Mi familia vienen a visitarme a menudo. _____

2. Las clases me pareció muy interesante. _____

3. La gente que fueron al evento eran jóvenes. _____

4. No es verdad que el dinero nos haga más feliz. _____

Las sílabas

Entender la división de las sílabas en español te ayudará a separar palabras y a entender mejor los acentos.

Una sílaba es la división fonológica de una palabra. Muchas palabras en español empiezan con una consonante. Si empiezan con una vocal, la vocal sola casi siempre es una sílaba. Las consonante solas nunca constituyen una sílaba: necesitan de vocales.

  li-bro   co-mi-da   a-co-ger

Generalmente las consonantes contiguas se dividen en sílabas diferentes, con la excepción de las dobles consonantes que tienen un sonido particular, como **rr**, **ll** y **ch**.

  a-ma-rrar   a-ma-ri-llo a-rroz

Las dobles consonantes **cc** y **nn** siempre se dividen, quedando en sílabas separadas.

  ac-ci-den-te   in-na-to

¡Atención! la **r** y la **l** deben aparecer como parte de la sílaba de la <u>consonante</u> que las precede. De la misma manera, la **s** no se separa de la vocal que la precede.

  cla-si-fi-ca-ción   mi-cro-bio-lo-gía   es-truc-tu-ra

Los siguientes pares de consonantes son inseparables y forman una sílaba con la vocal que las sigue: **br, cr,dr, gr, fr, kr, tr** y **bl, cl, gl, fl, kl, pl**

  fre-no   la-drón   go-gle   pla-to   fran-co   crio-llo

Un diptongo se define como la combinación de una vocal fuerte (a, e, o) y una débil (i, u). Los diptongos y triptongos (Una vocal fuerte entre dos débiles) no se pueden separar.

  mien-tes   re-si-duo   coin-ci-den-cia   mur-cié-la-go

Dos vocales fuertes requieren que se separen las sílabas (este fenómeno se conoce como *hiato*).

  a-é-reo   le-al-tad   te-a-tral

Singular y plural

Si una palabra termina en vocal, se pluraliza con <u>s</u>. Si termina en consonante, el plural es <u>-es</u>. Si termina en <u>z</u>, el plural es <u>-ces</u>. Si termina en <u>í</u>, o en <u>ú</u> también se pluraliza <u>-es</u>, con pocas excepciones (como champús y menús).

  amigo → amigos   camión → camiones   lápiz → lápices   rubí → rubíes

- o Las siguientes palabras no tienen plural: *caos, génesis, salud, sed, tez*

- o El singular y el plural es igual para los días de la semana (excepto sábado y domingo), y para las siguientes palabras (entre otras): *cactus, caries, cosmos, crisis, dosis, hipótesis, virus.*

A PRACTICAR

Las reglas para dividir sílabas van a ayudarte en cuestiones de ortografía y para entender las reglas de acentuación. Además, en español las palabras de deben separar en sílabas completas al final de un renglón.

a) División en sílabas Divide en sílabas las palabras de la lista

identidad _____

sudamericano _____

estadounidense _____

autoestima _____

asimilación _____

aclaración _____

fotografía _____

aguileña _____

b) Pluralización Pluraliza las palabras de la primera columna. Cambia al singular las palabras de la segunda columna. Si tienes dudas, consulta un diccionario en línea, o la página de la RAE (Real Academia de la Lengua).

Ejemplos:

leal → leales   avión → aviones

1. cartel _____   1. televisiones _____

2. lápiz _____   2. acciones _____

3. feliz _____   3. crímenes _____

4. comunidad _____   4. jabalíes _____

5. maniquí _____   5. cafés _____

6. gurú _____   6. monstruos _____

Antes de leer

1. ¿Cuál es tu nombre completo?

_____   _____   _____

Nombre(s) de pila   apellido paterno   apellido materno

2. ¿Cuántos apellidos tiene tu nombre? ¿Por qué?

3. ¿Tienen significado tus apellidos? ¿Sabes en dónde se originaron?

El origen de los apellidos hispanos

El nombre de una persona es una clave que nos ayuda a entender un poco su identidad. Hay apellidos que podemos reconocer inmediatamente por su origen, aunque sea lejano. A veces hasta la ortografía de un apellido es una pista a su origen. Por ejemplo, ¿se escribe Gómez o Gomes?

Desde tiempos remotos se han usado nombres para distinguir a una persona de otra. Durante la Edad Media la identidad de una persona se documentaba en las iglesias mediante la combinación de un nombre de pila, el lugar de origen de la persona y el nombre del padre. Para organizar la información, los notarios medievales escribían al lado del nombre de pila el resto de la información. Con el tiempo esta información se transformó en los apellidos que son comunes en la actualidad. Muchos de los apellidos modernos están basados en el lugar de origen de la persona, como pueblos, regiones o accidentes geográficos de la zona donde se nació, como es el caso de los apellidos Arroyo, Cuevas, Montes y Nieves. Este tipo apellidos se conoce como toponímico. Otro grupo de apellidos se originó en la profesión de los padres, como Guardia, Molinero y Zapatero. En esos tiempos las profesiones solían ser hereditarias, haciendo esta información más relevante. Un tercer grupo de apellidos se derivó de descripciones físicas de los padres: Calvo y Moreno son dos ejemplos de esto. Otros apellidos se originaron en nombres de animales, adoptando su nombre como símbolo de las cualidades asociadas con ese animal.

Durante el Medievo también aumentó mucho la población y se hizo necesario distinguir a todos los que compartían un mismo nombre de pila. Por eso se empezaron a usar en España los apellidos patronímicos, es decir, apellidos que se derivaron del nombre de pila del padre. Los sufijos *-is*, *-ez* e *-iz* se usaron -y se siguen usando- en diferentes regiones de España (cuyos idiomas eran el vasco, el catalán y el español) para significar "hijo de". ¿Conoces a alguien cuyo apellido sea "Pérez"? Este apellido originalmente significaba "hijo de Pedro", y se convirtió en uno de los apellidos más comunes del idioma español. Hubo otros factores que repercutieron en los apellidos. Por ejemplo, durante la época de la Inquisición muchas familias de origen árabe y judío eligieron convertirse al cristianismo para no ser expulsados de España. En muchas ocasiones esta conversión significó cambiar su apellido. Muchos nombres que comienzan con "San" se originaron en esta época: Santana, Santa María y Santos son tres ejemplos.

Probablemente fue entre los siglos XIII y XV que comenzó el uso obligatorio del apellido. Se sabe que en 1870 nació el Registro Civil español, el cual reglamentó su uso hereditario. Antes de ese momento se había gozado de gran libertad para escoger los apellidos, además de que la gente podía cambiar la ortografía, e incluso inventar apellidos a su gusto.

También a finales del siglo XIX, algunas familias nobles o de la clase alta empezaron a combinar dos apellidos con el objetivo de distinguirse de otras familias. Se cree que algunas familias de estratos económicos más humildes comenzaron a imitar a los nobles, y para ello usaban el apellido paterno y el materno juntos, con el objetivo de crear el efecto de nobleza de los apellidos compuestos. Fue así como surgió el uso de los dos apellidos. Curiosamente, en Europa solamente España y Portugal adoptaron esta costumbre, pero estos dos países llevaron la costumbre de usar los dos apellidos a sus colonias en América. Argentina es la única nación donde la costumbre fue usar solamente un apellido. Aunque a partir de 1998 la ley pide que se registren tanto el apellido paterno como el materno, muchos argentinos continúan utilizando solamente uno.

Mapa de los diez apellidos más comunes de España, por regiones.
Fuente: Wikipedia. Dominio público.

Tradicionalmente los apellidos se listan en un orden específico: Primero se lista el apellido paterno, seguido por el apellido materno. Sin embargo, esta tradición está cambiando. En España se aprobó en el año 2010 una reforma al registro civil que les permite a los padres de un niño decidir el orden de sus apellidos. Según la nueva legislación, si los progenitores no llegaran a ponerse de acuerdo sobre el orden, se usaría el orden alfabético. El caso de España no es único. También en México ha sido aprobada legislación sobre los apellidos. Según nuevas leyes del año 2014, los residentes de la Ciudad de México pueden decidir el orden de los apellidos de sus hijos. En caso de que no haya un acuerdo, se seguirá el orden tradicional.

Al parecer, aun las más arraigadas de las tradiciones van cambiando poco a poco.

Después de leer

1. ¿Son tus apellidos parte de tu identidad? Explica por qué.

2. ¿En dónde se originaron tus apellidos y qué significan?

3. Es tradición en algunas culturas que las mujeres abandonen su apellido paterno cuando se casan. ¿Tú abandonarías tus apellidos? Explica tu respuesta.

4. ¿Crees que el uso se esté extendiendo a países donde se habla inglés? ¿Por qué?

5. ¿Qué ventajas y qué desventajas tiene el uso de dos apellidos?

Para investigar

1. ¿Por qué crees que en Argentina se acostumbraba usar solamente el apellido paterno hasta 1998?

2. En España las leyes han cambiado y ya no es necesario que el apellido paterno sea el primero. Averigua lo que dice la nueva ley. Después de encontrar la información, da tu opinión personal: ¿Es buena idea?

3. Tener un nombre se considera un derecho fundamental del ser humano. ¿Por qué?

Los apellidos más comunes:

Argentina: González y Rodríguez

Colombia: Rodríguez, Gómez y González

España: García y González

México: Sierra, García y Martínez

Venezuela: Ramírez y González

PARA PROFUNDIZAR

¿Te interesa el tema? Busca en el Internet un video o un artículo con las palabras "Historia de los apellidos". Toma nota de los datos más interesantes acerca del uso de los apellidos en diferentes civilizaciones/momentos de la historia y compártelos con la clase.

Latinoamérica

i) Para investigar y analizar

¿Qué significa la palabra "América" para ti? ¿Cuál es la diferencia con las palabras "Latinoamérica", "Hispanoamérica", "Centroamérica" o "Sudamérica"?

¿Qué asocias tú con la palabra "Latinoamérica"?

ii) Para leer y analizar

Busca en internet las siguientes poesías o canciones y, para analizarlas, responde las preguntas de abajo

Pequeña América, por Pablo Neruda

A Roosevelt, por Rubén Darío

I am Joaquín, por Rodolfo "Corky" González

Latinoamérica, por Calle 13

1. ¿Cuál es el **tono**?

2. ¿Qué quiere comunicar **la voz narrativa**?

3. ¿Cuál es el **tema** o el **mensaje** de este poema o canción? (Da ejemplos directamente del texto).

4. ¿Te gustó la poesía/canción? ¿Por qué? ¿Qué sentimientos te provoca?

iii) Para ver y analizar

Elige una de las siguientes opciones.

a) *Mi familia* (1995, dirigida por Gregory Nava).

Ve la película y analízala desde el punto de vista de las experiencias de esta familia. ¿Cómo afectó su vida ser hispanos en los Estados Unidos? ¿Hay alguna semejanza con tu vida?

b) *The Power of an Illusion* (PBS, tres episodios de una hora cada uno).

Elige al menos dos episodios (uno debe ser el primer video) y escribe una reacción y análisis de lo que aprendiste y cómo se relaciona con tu experiencia.

La oración

Hablar y escribir son dos habilidades diferentes e independientes la una de la otra. Al hablar improvisamos para explicar nuestras ideas, pero cuando escribimos tenemos tiempo para organizar los pensamientos de forma clara y concisa. Un lector asume que quien ha escrito el texto ha tomado el tiempo necesario para organizar sus pensamientos de una manera clara. Las expectativas de un texto escrito son que estará bien organizado, no tendrá errores ortográficos y será coherente. ¡Toma tu tiempo para escribir! Nunca escribas lo que te viene a la mente sin regresar a leerlo para editarlo.

Hay muchas razones para escribir. Es posible que solo quieras contar una historia, o quizás quieras hablar de tu opinión sobre un tema. Quizás tu objetivo sea debatir una opinión con la que no estás de acuerdo. Definir el objetivo de tu texto es importante porque te ayudará a decidir el orden en que debes presentar la información. En general, es buena idea comenzar con una introducción. En ella puedes decirle al lector el tema del que hablarás, o capturar su interés mediante una anécdota relevante.

Cualquiera que sea el tema de tu texto, el elemento fundamental para comunicarte por escrito es la oración: un pensamiento completo, autónomo. Distinguimos una oración de una frase porque la oración tiene un verbo conjugado y, por lo mismo, cuenta con un sujeto y un predicado.

Para escribir claramente es necesario crear oraciones completas, pero no demasiado largas. Entender la puntuación (de la que hablaremos en la Unidad 3) te ayudará a separar las oraciones de manera lógica. Por lo pronto, un truco muy útil es leer en voz alta lo que escribes. Si necesitas hacer una pausa breve mientras hablas, es señal de que requieres una coma. Si la pausa es un poco más larga o has cambiado de sujeto, es probable que necesites un punto.

A continuación te ofrecemos algunos consejos básicos adicionales:

- Evita escribir oraciones muy largas para mantener la claridad. Cuando domines mejor el idioma podrás escribir oraciones más largas. Por lo pronto, concéntrate en escribir tus ideas claramente.
- No asumas que tus lectores saben de qué estás hablando. Incluye toda la información básica y elimina la información innecesaria.
- Trata de mantener el orden tradicional de la oración: sujeto + verbo + complementos.

A practicar

a) Claridad Observa las siguientes oraciones y decide cuál es más clara y por qué. ¿En qué casos hay ambigüedad (más de una interpretación)?

1.   a) Felicia lee un libro para sus clases y Ana también pero no escribe un reporte.

       b) Felicia y Ana leen un libro para sus clases, pero Felicia no escribe un reporte.

2.   a) El pez está listo para comer.

       b) El pescado está listo para ser comido.

3.   a) El Barcelona le ganó al Real Madrid en su campo.

       b) El Barcelona le ganó en su campo al Real Madrid.

b) Editando un texto Lee el siguiente texto y trabaja con un(a) compañero(a) de clase para editarlo. Usa oraciones más cortas y claras. Pueden cambiar todo lo que les parezca necesario. ¡**Atención**! El texto tiene errores de varios tipos.

Mi familia somos de Guatemala y yo por eso la tradición y los valores es muy importante para ellos. Mi abuela de una generación anterior ella cree que una mujer pertenece en la cocina y debe estar capaz de cocinar en el momento en que somos quince años edad pero a diferencia de los hombres que nomas se sientan pa que las mujeres les sirven la comida pero yo no estoy de acuerdo con esto porque no es justo por eso me peleo con mi abuela.

CONSEGUIR Y DAR INFORMACIÓN PERSONAL

En esta unidad hemos hablado de los apellidos y de la identidad de una persona. Imagina que estás trabajando para una compañía que quiere darle servicio a personas que hablan español. Para abrirles un expediente necesitas conseguir la información de la forma que aparece a continuación.

Primero traduce al español la información que se pide. Después piensa en la pregunta que debes hacer para conseguir la información. Presta atención al hecho de que la pregunta en inglés no siempre corresponde culturalmente a lo que se debe preguntar en español.

Al final, trabaja con un compañero y túrnense para pedirse la información. **¡Ojo!** Como en cualquier situación formal de trabajo, usen la forma de usted para hablarse.

Modelo *First name* → Nombre → ¿Cuál es su nombre de pila?

inglés	español	Pregunta necesaria	Respuesta de tu compañero(a)
First name			
Middle name			
Family name			
Age			
Birthday			
Place of birth			

El idioma dominante

Aunque una persona bilingüe habla dos idiomas, es poco común que la persona tenga exactamente la misma habilidad en ambos: generalmente hay una lengua dominante. Si vives en los Estados Unidos es probable que hayas completado tu educación primaria y secundaria en inglés. Para entender mejor cuál es tu idioma dominante, completa el siguiente cuestionario.

	ESPAÑOL	INGLÉS	NO TENGO PREFERENCIA
1. En mi casa hablo en…			
2. Prefiero leer en…			
3. Si hay opción, prefiero ver televisión en…			
4. Hablo con mis mejores amigos en…			
5. Mi página de Facebook/Instagram (etc.) está en…			
6. Escribo mejor en…			
7. Siempre encuentro las palabras que necesito para expresarme en …			
8. Generalmente sueño en …			

a) **Resultados** Trabaja con un compañero y comparen sus respuestas. Basándose en ellas, ¿**cuál es su idioma dominante**? ¿Por qué creen que sea así? Repórtenle la información a la clase.

b) **Opiniones** Ahora habla con un compañero diferente sobre sus respuestas a las siguientes preguntas.

1. ¿En cuál de los dos idiomas tienen un vocabulario más amplio?

2. ¿A veces mezclan los dos idiomas? ¿Por qué? ¿Piensan que sea malo mezclar los dos idiomas?

3. Den ejemplos de lo que consideran que es el "espanglish".

4. ¿Creen que haya alguna diferencia entre cómo se habla el español en Estados Unidos y cómo se habla en otros países? Expliquen y den ejemplos.

Para investigar

Busca en Internet el video *The benefits of the bilingual brain*. [http://ed.ted.com/lessons/how-speaking-multiple-languages-benefits-the-brain-mia-nacamulli]

¿Qué ventajas tiene ser bilingüe? ¿Cómo funciona el cerebro de forma diferente para las personas bilingües?

CAMBIO DE CÓDIGO (*CODE SWITCHING*)

Cambiar de código significa alternar idiomas dentro de una conversación. Los hablantes bilingües tienden a cambiar de código cuando no encuentran una palabra en uno de sus idiomas, o cuando piensan que una palabra en otro idioma explica mejor lo que quieren decir. Hay otras razones para el cambio, como connotaciones, modas o motivos emocionales.

El cambio de código puede ocurrir de cuatro maneras diferentes.

---

1) Cambio de código inter-oracional

> Ana no me llamó. *What's up with her*?

2) Cambio intra-oracional

> Me encanta *ir de shopping* con mis amigos

3) Cambio de coletilla/muletilla (tag)

> Así son ellos, *you know*.

4) Cambio intra-palabra

> Vamos a watchear el juego en la tele.

Estos cambios de código son parte del fenómeno que se conoce como "Espanglish", pero pueden ocurrir en la mezcla de dos idiomas, cualesquiera que sean.

a) Reflexión Conversa con un compañero sobre sus respuestas a las preguntas.

1. ¿Hablas *Espanglish*? ¿Con quién y con qué frecuencia?

2. ¿Qué se necesita para hablar y/o entender el *Espanglish*?

3. ¿Crees que sea un idioma como el español o el inglés? ¿Por qué?

4. ¿Tiene el *Espanglish* algún papel en tu identidad personal? Explica.

b) Jorge Ramos: El futuro del Espanglish.

Busca en el Internet el artículo "*El futuro del Espanglish*" del periodista Jorge Ramos y «traduce» al español estándar el primer párrafo de su artículo.

Patrones de escritura diferentes en inglés y en español

En esta sección vamos a examinar ejemplos de reglas ortográficas, y en ocasiones vamos a contrastar el inglés y el español.

Para empezar, si la lengua en la que lees y escribes más es el inglés, es probable que uses ciertos patrones del inglés al escribir en español. Vamos a observar aquí algunas diferencias básicas.

a) *ph-, -tion, -mm*

Escribe la traducción al español para cada palabra. Después de completarlas observa los patrones que se repiten y establece una conclusión ortográfica. Por ejemplo, si en inglés se escribe "ph", en español se escribe…").

photo _____   ambition _____   immoral _____

philosophy _____   condition _____   immature _____

Conclusiones:

_____

b) *-age* y *-gist*

language _____   zoologist _____

message _____   geologist _____

Conclusiones:

_____

c) *-ty*

clarity _____   reality _____   obscurity _____

enormity _____   quality _____   quantity _____

Conclusión:

_____

d) Mayúsculas y minúsculas

En español **no** se usan letras mayúsculas para escribir nacionalidades, idiomas, días de la semana o meses del año. Sin embargo, debes usarlas con nombres propios, como los nombres de los países.

December _____   Monday _____   Mexican _____

A practicar

a) Patrones ortográficos El siguiente ejercicio te ayudará a recordar mejor las diferencias de ortografía entre el inglés y el español. Escribe la traducción de las siguientes palabras:

1. *temptation* _____

2. *location* _____

3. *description* _____

4. *passage* _____

5. *anthropology* _____

6. *communication* _____

7. *mention* _____

8. *dimension* _____

9. *distribution* _____

10. *geology* _____

11. *discussion* _____

12. *courteous* _____

13. *affinity* _____

14. *psychology* _____

b) Más diferencias ortográficas Hay palabras que son muy similares en los dos idiomas y significan lo mismo. Estas palabras se llaman cognados. En la página anterior observaste las siguientes diferencias ortográficas en muchos cognados:

o La **_ph_** del inglés se convierte en **f**: *Philosophy* → filosofía.

o No existen las dobles consonantes, con la excepción de **cc**, **ll**, **nn** y **rr**: a**cc**ión, **ll**uvia, i**nn**ato, pe**rr**o.

o la **ct** del inglés se convierte en **cc** en español: *dictionary* → diccionario

Escribe la palabra en español.

1. *commercial* _____

2. *personnel* _____

3. *graphic* _____

4. *photography* _____

5. *trapped* _____

6. *common* _____

7. *access* _____

8. *traffic* _____

9. *correct* _____

10. *professor* _____

Pixnio. Dominio público. (CC)

Opción A: Mi vida ahora

Vas a escribir acerca de ti.

Párrafo 1: Da información personal ¿Quién eres? ¿Cómo eres? ¿Cómo es tu familia?

Párrafo 2: Da información sobre tu familia y tu vida en general. Resalta los aspectos que para ti sean los más importantes.

Párrafo 3: Habla sobre tus planes futuros.

Párrafo 4: Conclusión

Opción B: Mi identidad

Vas a analizar tu identidad cultural

Párrafo 1: Explica quién eres y cuáles son palabras que te describen y por qué.

Párrafo 2: Explica qué te diferencia de otra cultura y contrasta esas diferencias.

Párrafo 3: Habla de tu experiencia personal en los EE. UU. como hispano/latino/chicano etc.

Párrafo 4: Conclusión

Opción C: Ser bilingüe

Vas a reflexionar en tus experiencias hablando inglés y español.

Párrafo 1: Presenta el tema y explica cómo te consideras en tu habilidad de hablar inglés y español (u otros idiomas). Incluye una nota sobre lo que te gustaría mejorar.

Párrafo 2: Analiza cómo afecta tu vida el bilingüismo (efectos positivos y negativos).

Párrafo 3: Habla de tus planes futuros relacionados con los idiomas.

Párrafo 4: Conclusión

Dolores Huerta

Dolores Huerta es uno de los nombres más reconocidos del movimiento por los derechos de los trabajadores agrícolas. Dolores nació en 1930 en Nuevo México, dentro del seno de una familia de inmigrantes de México. Sus padres se divorciaron cuando ella tenía apenas 3 años, y su madre se mudó a Stockton, en California, en donde abrió un restaurante para mantener a sus tres hijos. Su madre, Alicia Chávez, apoyó a muchos trabajadores del campo ofreciéndoles comida a un precio accesible, y a veces hasta alojamiento. Con este ejemplo, Dolores creció muy consciente de la importancia de la compasión y de participar en actividades cívicas. Dolores también experimentó discriminación por ser hispana, y se convenció de la necesidad de cambiar y corregir injusticias sociales. Después de estudiar en un tecnológico (*Community College*), trabajó como maestra de una escuela primaria, pero el ver las carencias de los niños y su hambre ayudaron a decidirla a dedicarle su vida a corregir estas injusticias.

En 1960, Huerta fundó la *Agricultural Workers Association*, y en 1962 la *National Farm Workers Association*, junto con César Chávez. Gracias al trabajo de estos líderes, los trabajadores del campo consiguieron importantes avances en sus condiciones de trabajo. De particular importancia fue el boicot a las uvas, el cual culminó con un acuerdo en 1970, el cual protegía los derechos de los trabajadores. La lucha no siempre fue fácil: Fue detenida por la policía en 21 ocasiones, incluyendo una en la que fue golpeada violentamente (1988), aunque todas sus manifestaciones habían sido pacíficas. A pesar de su edad, Huerta continúa luchando y ayudando, particularmente a través de su fundación.

Dolores Huerta

Jorge Ramos

Jorge Ramos Ávalos nació en la Ciudad de México en 1958, en el seno de una familia de clase media. Su padre era arquitecto y Jorge es el mayor de cinco hermanos. Estudió Comunicación en la Universidad Iberoamericana de la Ciudad de México y comenzó su carrera profesional trabajando como periodista para una radiodifusora de esta misma ciudad. Posteriormente colaboró en noticiarios para la televisión, pero decidió trasladarse a California en 1983 tras una disputa con la televisora para la que trabajaba. Ya en EE. UU. tomó un curso especializado de periodismo en la Universidad de California en los Ángeles (UCLA). A partir de 1985 trabaja en Univisión, y desde 1986 es conductor del noticiario de esta cadena estadounidense que transmite en español. Ramos también dirige un programa editorial llamado Al Punto. Más allá de su trabajo para Univisión, Jorge Ramos publica una columna de opinión en más de 40 periódicos y mantiene una bitácora en el internet.

Además de haber ganado ocho premios Emmy y múltiples distinciones a lo largo de su carrera, Ramos ha publicado trece libros. La revista Time lo incluyó en su lista de los hispanos más influyentes en los Estados Unidos, y es sin duda una de las personas más reconocidas entre los hablantes de español en Estados Unidos.

En cuanto a su vida personal, Ramos ha estado casado tres veces. Su esposa actual es la exmodelo venezolana Chiquinquirá Delgado. Ramos tiene una hija (Paola) y un hijo (Nicolás) de sus primeros dos matrimonios. Paola tiene una maestría de la Universidad de Harvard y trabajó en la campaña presidencial de Hillary Clinton. ¿Seguirá los pasos de su padre?

Jorge Ramos (Foto publicada por la NASA, dominio público).
Fuente: www.jorgeramos.com

Después de leer

1. Decide cuáles son las tres ideas más importantes de cada una de las biografías. Usa tus palabras, no las del texto original.

2. ¿Habías oído hablar de alguna de estas dos personalidades hispanas? ¿Qué sabías ya?

3. ¿A cuál consideras más influyente, o con cuál te identificas más? ¿Por qué?

¿Español o castellano?

Puede decirse que nuestro idioma se originó en la región de Castilla, en el centro de España. Por esa razón se le conocía como castellano. Sin embargo, hoy en día hay consenso en que el idioma debe llamarse español, dando crédito así a su larga historia y a la diversidad de culturas que han contribuido a moldear la lengua como la conocemos hoy.

¿Has oído a alguien referirse al *castellano*? ¿Se usaba la palabra como sinónimo de *español*?

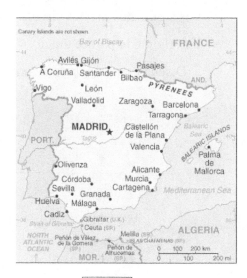

Public domain: pdclipart.org

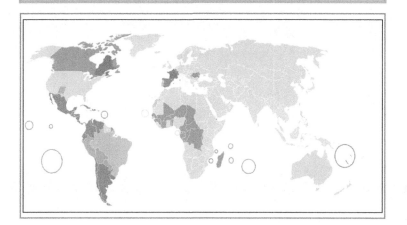

Dominio público.

El español en el mundo

Hoy en día, el español se habla como idioma oficial o *de facto* en 20 países del mundo. Casi 500 millones de personas hablan esta lengua como su idioma materno, y se considera una de las lenguas más importantes del mundo, por lo que muchas personas más lo aprenden como un segundo idioma o como lengua extranjera.

México es el país del mundo donde hay más hablantes de español, con más de 120 millones. El segundo lugar corresponde a Colombia, con casi 50 millones. España queda en tercer lugar con 47 millones de personas.

Curiosamente, de acuerdo con un estudio del Instituto Cervantes, en Estados Unidos hay 52 millones de personas que pueden hablar este idioma, lo que lo situaría en el segundo lugar con más hispanohablantes. Aun así, se discute en varios círculos si los Estados Unidos debe considerarse un país hispanohablante. ¿Qué piensas tú?

Los siguientes memes circulan en las redes sociales.

1. ¿Alguno te parece gracioso?

2. Diseña un meme para difundir algo que hayas aprendido en esta unidad.

- Disculpe, ¿tiene libros sobre la fatiga?

- No, están agotados.

- Me voy de viaje por dos semanas.
- ¡Qué bien! No te olvides de escribir.
- ¡Espero que no!... con lo que me costó aprender.

Un cuestionario de primaria...

5. ¿Quién es tu héroe?

Mi papá

6. ¿Por qué?

Es muy valiente.

7. ¿Hay algo a lo que le tenga miedo tu héroe?

A mi mamá.

- Why was the cat a bad Fisher and a bad singer?

- He could not carry atún.

Openclipart. Author: mmourinho

¿Cómo se llama la aplicación que elimina los errores de ortografía?

- ¡Primaria!

Fuentes: Amo la ortografía/ Amo la buena ortografía / Recreo viral

UNIDAD 2
LAS RAÍCES HISPANAS Y EL IDIOMA ESPAÑOL

CONTENIDO Y OBJETIVOS

Objetivos

- o Diferenciarás el lenguaje coloquial del lenguaje formal.

- o Analizarás la mecánica de la conjugación en el presente del indicativo.

- o Aprenderás más sobre la historia de la lengua y la cultura española y la contrastarás con la cultura que heredaste de tu familia.

- o Continuarás aprendiendo sobre los cognados falsos, calcos y anglicismos.

Los orígenes hispanos de los Estados Unidos

El español ya se hablaba en las tierras que hoy constituyen los Estados Unidos mucho antes de que este existiera como un país independiente.

Como todos sabemos, antes del descubrimiento de América había muchos grupos culturales y étnicos que se habían establecido en Norteamérica (el territorio que hoy ocupan Canadá, Estados Unidos y México). Durante la Conquista y la Colonia, los españoles exploraron muchas zonas y se establecieron allí. Por lo mismo, el español ha sido un idioma que se ha usado en estas tierras desde antes que el inglés.

En los siglos XVI y XVII, un grupo de misioneros españoles fundó misiones en muchas partes de Estados Unidos, misiones que se convertirían posteriormente en ciudades. De allí que muchas poblaciones de los Estados Unidos lleven nombres de santos: San Francisco, San Antonio y Santa Bárbara son ejemplos de esto. Cabe mencionar también que ocho estados tienen en su nombre esta herencia española: California, Colorado, Florida, Montana, Nevada, y Nuevo México. Texas y Utah tomaron sus nombres de la pronunciación española de dos palabras de lenguas indígenas de los primeros habitantes de esos estados.

Cuando los Estados Unidos consiguió su independencia de Inglaterra, los siguientes estados todavía pertenecían a la Nueva España (la colonia española que hoy es México) y se hicieron parte de México cuando este consiguió su Independencia en 1821: Arizona, California, Colorado Nevada, Nuevo México, Utah y Texas. También partes de Kansas, Oklahoma y Wyoming pertenecieron a México (aunque esta información varía según las fuentes).

Texas fue cedida a los Estados Unidos tras una guerra entre los dos países. Es interesante observar las grandes diferencias en la percepción de este conflicto.

Tras anexarse este territorio, los Estados Unidos siguió su expansión obligando a México a venderle los otros estados que se mencionaron anteriormente. Junto con la *venta* de este territorio se firmó el Tratado de Guadalupe para establecer las nuevas fronteras y establecer los derechos de los mexicanos en esos territorios. En este tratado se les garantizaba a los habitantes de las tierras cedidas que podrían conservar sus propiedades, seguir practicando su cultura y hablando su lengua. También se les prometió la ciudadanía estadounidense (como condición para preservar sus tierras). Aproximadamente el 90% de los habitantes de estos territorios optaron por la ciudadanía estadounidense.

A pesar del Tratado de Guadalupe, en los años que han transcurrido desde esa anexión, los derechos de la población hispana no siempre han sido respetados. En particular, históricamente hubo muchos intentos por restringir el derecho a sus propiedades.

Hoy en día, a pesar de su larga historia y aportaciones, los hispanos continúan siendo un grupo poco entendido por la mayoría de los estadounidenses.

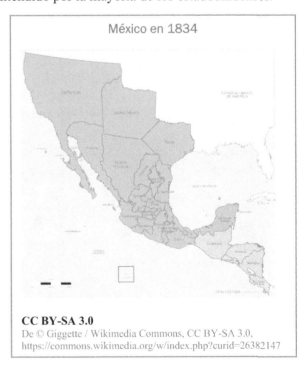

México en 1834

COMPRENSIÓN DE LECTURA

a) ¿Es cierto? Lee las siguientes oraciones y decide si son ciertas o falsas según la lectura. Corrige las falsas.

	Cierto	Falso
1. El español empezó a hablarse en Estados Unidos un poco después del inglés.	☐	☐
2. Unos misioneros españoles fundaron el estado de Texas.	☐	☐
3. Varias partes de Kansas, Wyoming y Oklahoma pertenecieron a México.	☐	☐
4. Texas fue el primer territorio mexicano que los Estados Unidos se anexó.	☐	☐
5. El Tratado de Guadalupe se firmó para anexar Texas.	☐	☐
6. Los mexicanos que vivían en territorios anexados tuvieron que irse.	☐	☐
7. Gracias al Tratado de Guadalupe los derechos de los mexicanos se han respetado.	☐	☐
8. Según la información, la historia hispana en EE. UU. empezó con la inmigración.	☐	☐

b) Conversación

1. En el texto se habla de varias diferencias en la versión de la historia. ¿Cuál es una de estas diferencias?

2. En el texto se mencionan varios nombres hispanos de lugares en Estados Unidos. ¿Cuáles son otros nombres hispanos que conoces?

3. ¿Por qué crees que el 90% de los mexicanos haya preferido la ciudadanía estadounidense?

4. En varias partes del país se ha tratado de pasar leyes para prohibir el uso de cualquier lengua que no sea el inglés. ¿Por qué crees que algunos quieren prohibir otros idiomas? ¿Cuáles son las ventajas y desventajas de tener una ley como esta?

Para investigar
Investiga en Internet que es lo que propone la ley de *English Only*, en qué estados se ha aprobado, y cómo afecta a los hispanohablantes.

a) **Significados** La siguiente es una lista de palabras que se usaron en la lectura inicial. Trabaja con un compañero y túrnense para explicar el significado de cada palabra **sin decir la palabra que están explicando**. Su compañero debe escuchar e identificar la palabra que se explicó.

anexión	factor	lengua
ceder	frontera	obligar
ciudades	garantizar	población
derechos	herencia	restringir
dialecto	idioma	tratado
establecerse	imperio	
étnico	indígena	

b) **Expande tu vocabulario** Encuentra un **<u>sinónimo</u>** o una frase (de dos palabras) que se aproxime al significado de cada uno de los siguientes términos. En la segunda línea escribe la palabra en inglés para referirse a este concepto.

1. anexión   _____   _____

2. población   _____   _____

3. frontera   _____   _____

4. descubrimiento   _____   _____

5. expansión   _____   _____

6. idioma   _____   _____

c) **Palabras relacionadas** Para cada palabra, encuentra dos o más palabras que vengan de la misma raíz. Puedes usar otras partes de la lengua (por ejemplo, si es un verbo, puedes dar el sustantivo asociado, o un adjetivo).

Modelo: habitante → habitar, habitado, deshabitado

1. población _____

2. ceder _____

3. establecerse _____

d) Preguntas para reflexionar Trabaja con un compañero para responder las preguntas.

1. En tu opinión, ¿qué significa "hablar con corrección"? ¿Es importante para ti? ¿Por qué?

2. ¿Te expresas de manera diferente cuando hablas con tus amigos que cuando hablas con tus profesores? Si respondiste que sí, ¿en qué consisten las diferencias?

3. ¿En qué se diferencia el español que hablas al de una persona que ha vivido toda su vida en países como México, Guatemala o España? ¿Cuál es la diferencia entre un idioma y un dialecto? ¿Es uno mejor que otro? Explica.

4. ¿Te gustaría hablar otros idiomas? ¿Cuáles? ¿Por qué?

e) Citas sobre los idiomas Las siguientes son citas acerca de los idiomas. ¿Qué significan? ¿Están de acuerdo?

«Hablo el español con Dios, el italiano con las mujeres, el francés con los hombres y el alemán con mi caballo». (Carlos I de España, monarca, 1500-1558)

«Un idioma es un dialecto con un ejército detrás». (Max Weinreich, lingüista, 1894-1969)

«Cada idioma es un modo diferente de ver la vida». (Federico Fellini, cineasta, 1920-1993)

«El lenguaje nos ayuda a capturar el mundo, y cuanto menos lenguaje tengamos, menos mundo capturamos. [...]. Si se empobrece la lengua se empobrece el pensamiento». (Fernando Lázaro Carreter, lingüista, 1923-2004)

«Las lenguas tienen dos grandes enemigos, los que las imponen y los que las prohíben». (Fernando Savater, filósofo, 1947-)

«Quien no conoce las lenguas extranjeras nada sabe de la suya propia». (Goethe, escritor 1749-1832)

«Su Alteza, la lengua es el instrumento del Imperio». (Antonio de Nebrija a Isabel I de Castilla la Católica, al presentarle su Gramática).

LA CONJUGACIÓN (PRESENTE DEL INDICATIVO)

¿Ya lo sabes? Observa los ejemplos e indica cuál de las dos versiones te parece la correcta.

---

1.   a) Mis padres se esforzan para darnos una buena vida.

       b) Mis padres se esfuerzan para darnos una buena vida.

2.   a) Venimos a clase todos los días.

       b) Vinimos a clase todos los días.

3.   a) Los asistentes se diverten viendo el espectáculo.

       b) Los asistentes se divierten viendo el espectáculo.

Los verbos son una parte fundamental de la lengua. Entender cómo funcionan te ayudará a usar el lenguaje con mayor precisión y aumentará tu confianza.

Conjugar un verbo significa que lo modificamos para saber <u>quién</u> hace la acción y <u>cuándo</u>. ¡Un verbo conjugado comunica mucha información! Por ejemplo, si ves el verbo "leer", no sabemos quién lo hace, pero si lo cambiamos a "leí", sabemos que la persona que habla es quien hizo la acción y que ya ocurrió (pretérito).

Para entender mejor la mecánica de la conjugación, empezaremos por hablar de los verbos en el presente.

1. LOS VERBOS REGULARES

Los verbos en español llevan la información de **qué** se hace, **quién** lo hace y **cuándo** lo hace. En contraste, las conjugaciones del idioma inglés solo indican lo que se hace y si es presente o pasado.

El tiempo **presente del indicativo** en español se usa para hablar de acciones habituales (de rutina) y generalidades de nuestra vida.

    Soy *estudiante.* ***Asisto*** *a la universidad por las mañanas y* ***trabajo*** *por las tardes.* ***Vivo*** *con mi familia.*

Observa como en los ejemplos se indica quién hace la acción sin necesidad de decir "yo".

Para conjugar un verbo usamos la primera parte de la palabra (el radical) y eliminamos la terminación (-ar/-er/-ir) para añadir una nueva terminación.

Las siguientes son las terminaciones para los verbos regulares de los tres grupos en el presente (-ar, -er, -ir):

EL PRESENTE DEL INDICATIVO

	cantar (-ar)	beber (-er)	vivir (-ir)
yo	canto	bebo	vivo
tú	cantas	bebes	vives
él/ella/usted	canta	bebe	vive
nosotros	cantamos	bebemos	vivimos
ustedes	cantan	beben	viven
ellos	cantan	beben	viven

---

2. VERBOS CON CAMBIOS EN EL RADICAL

Algunos verbos requieren de un cambio adicional en el radical, como en el caso del verbo **querer**:

		QUERER
1^{era} persona del singular	yo	quiero
2da persona del singular	tú	quieres
3^{era} persona del singular*	usted	quiere
3^{era}	él/ella	quiere
1^{era} persona del plural	nosotros	queremos
2da persona del plural	vosotros	queréis
2da persona del plural	ustedes	quieren
3^{era} persona del plural	ellos	quieren

*Aunque semánticamente usted es segunda persona del singular, gramaticalmente se comporta como tercera persona y, por tanto, requiere de cambios en los verbos cuyo radical cambia.

Estos son los cambios que pueden ocurrir en el radical (la raíz) de estos verbos:

e → ie Ejemplos: advertir, comenzar, entender, encender, hervir, mentir, negar, nevar, quebrar, querer, pensar, perder, preferir, recomendar, sentir

e → i Ejemplos: competir, pedir, reír, repetir, servir, sonreír

o → ue Ejemplos: acostar, apostar, colgar, costar, devolver, dormir, encontrar, llover, morir, poder, recordar, soñar

u → ue *Jugar* es el único verbo de este grupo.

A practicar

Completa la siguiente tabla con las conjugaciones de los verbos en presente para cada persona.

	cerrar	volver	pedir	nevar	adquirir
yo					
tú					
Él/ella/usted					
nosotros					
vosotros					
ustedes/ellos					

EL PRESENTE IRREGULAR

3. Verbos con la primera persona irregular

Algunos verbos no siguen las reglas anteriores en la conjugación para la primera persona (yo). ¿Cuál es la conjugación para cada uno de los siguientes verbos?

	YO			YO
caber	_____		poner	_____
conducir	_____		saber	_____
conocer	_____		salir	_____
dar	_____		ser	_____
estar	_____		traer	_____
hacer	_____		ver	_____

4. Otros verbos irregulares

Algunos verbos tienen irregularidades en varias de sus conjugaciones, no sólo en la forma de **yo**. Completa la tabla según tus conocimientos.

	oler	seguir	satisfacer	oír
Yo	_____	_____	_____	_____
Tú	_____	_____	_____	_____
él/ella/usted	_____	_____	_____	_____
Nosotros	_____	_____	_____	_____
ustedes/ellos	_____	_____	_____	_____

5. Haber

Solamente hay una forma para conjugar este verbo en presente: **hay**.

> **Hay** un maestro. → **Hay** varios estudiantes.

.

Hay varios estudiantes.
Public Domain Clip Art

A practicar

a) Lotería Pregúntales a compañeros diferentes si hacen las actividades de la tabla. Para ganar el juego debes completar <u>dos líneas enteras</u> con las respuestas de tus compañeros. Toma notas para después reportarle a la clase.

Modelo: Estudiante 1: ¿Ves la televisión más de una hora al día?

               Estudiante 2: Sí, veo la televisión dos horas antes de dormirme.

               Estudiante 1: (Haz una pregunta adicional, por ejemplo: ¿Cuál es tu programa favorito?)

(VER) la televisión más de una hora al día	(DIVERTIRSE) con amigos todos los fines de semana	(VENIR) a la escuela a las ocho de la mañana	(TRAER) comida a la escuela
(CONOCER) a alguien famoso	(DESPERTAR) temprano.	(DARLES) sorpresas a sus amigos	(HACER) la tarea por la noche
(OIR) música	(SABER) andar en bici/nadar	(VESTIR) ropa formal de vez en cuando	(AVERGONZARSE) cuando comete un error
(PODER) tocar un instrumento musical	(RECORDAR) algo de la última clase de español	(APOSTAR) a veces	(QUEBRAR) cosas con frecuencia

b) Mentiras Escribe 5 ideas sobre ti usando verbos diferentes. Dos deben ser mentira. Después circula por la clase y comparte las ideas. Tus compañeros tendrán 3 oportunidades para decidir cuáles son las mentiras.

entender   mentir   caber   oír   querer   pensar   perder   preferir   competir   saber   pedir
sonreír   servir   reír   dormir   esforzarse   poder   recordar   soñar   jugar

1.

2.

3.

4.

5.

Verbos reflexivos y pronominales

¿Ya lo sabes?

Indica qué oraciones crees que sean las correctas de la siguiente lista, según las reglas del español estándar.

1.	a) Me voy a la escuela a las ocho de la mañana.
	b) Voy a la escuela a las ocho de la mañana.
2.	a) No me baño por la mañana porque tengo prisa.
	b) No baño por la mañana porque tengo prisa
3.	a) Me pongo ropa rápidamente y conduzco a la escuela.
	b) Pongo ropa rápidamente y me conduzco a la escuela.

→ ¿Por qué crees que sea necesario el pronombre **me** antes de algunos verbos, pero no en otros?

→ ¿Cuándo **no** se necesita?

Verbos con pronombres

En español se debe usar un pronombre reflexivo (me, te, se, nos, se) junto con los verbos cuando el sujeto recibe la acción del verbo. En otras palabras, la persona se hace la acción a sí misma. **Estos verbos reciben el nombre de verbos reflexivos.**

Ella **se** lava   *She washes **herself***

1. La conjugación Completa la conjugación de los siguientes verbos. Recuerda que el pronombre se debe colocar antes del verbo conjugado:

	levantarse	enojarse	vestirse	bañarse
yo				
tú				
él/ella/usted				
nosotros				
ustedes/ellos				

→ ¿Son reflexivos **todos** los verbos de la tabla? ¿Cuáles no lo son y qué significan? -Explica tu respuesta.

Verbos pronominales

1. Aunque a simple vista parecen verbos reflexivos, en realidad son verbos que tienen otros significados. El más común es el de un cambio de estado, como en el caso del verbo *enojarse*. No se está diciendo que uno se haya enojado con uno mismo, sino que indica que antes la persona tenía otro estado de ánimo, y este ánimo cambió al enojo.

Tres verbos muy usados para referirse a un cambio son los siguientes:

> hacerse
>
> ponerse
>
> volverse

Da un ejemplo para cada uno de estos tres verbos.

2. Otro significado que resulta del uso de pronombres es el de una acción recíproca (mutua):

> Martín saluda a Magda. Magda saluda a Martín → **Se** saludan (el uno a la otra).
>
> Yo saludo a mis hermanos y mis hermanos me saludan → **Nos** saludamos (los unos a los otros).

Ponlo a prueba

A) **¿Cuál es la diferencia?** Decide cuál es la diferencia en el significado de cada par de verbos y escribe un ejemplo usándolos.

arreglar / arreglarse _____

asustar / asustarse _____

comer/comerse _____

dormir/ dormirse _____

despedir/ despedirse _____

ir/ irse _____

hacer / hacerse _____

mudar / mudarse _____

meter/ meterse _____

rendir / rendirse _____

ESPAÑA

La cultura hispana en realidad no es una cultura, sino una gran variedad de culturas diferentes que comparten un idioma para comunicarse. Gracias al idioma estas culturas tienen muchos elementos en común, pero las diferencias también son significativas, no solo en cuanto a cultura, sino también historia e identidad. En esta ocasión hablaremos de España, el lugar en donde se originó el idioma.

Para empezar: ¿Qué sabes sobre España?

A) ¿Cierto o falso? Trabaja con un compañero para decidir si las ideas de la lista son ciertas o falsas. Si piensan que una oración es falsa, corríjanla.

1. El territorio que hoy es España estuvo ocupado por cientos de años por musulmanes.
2. España consiguió su independencia en el siglo XV.
3. España se divide en estados independientes.
4. Hay varios idiomas oficiales en este país.
5. El país fue una monarquía durante muchos siglos, pero ahora el gobernante es un presidente.
6. España es uno de los países más grandes de Europa.
7. Mussolini fue dictador de España durante muchos años.
8. En la actualidad el país es miembro de la Comunidad Europea.

B) Lluvia de ideas Ahora hagan una lluvia de ideas para compartir lo que ya saben sobre España con respecto a los siguientes temas.

- ✓ Personas importantes de la historia de España
- ✓ Personas importantes contemporáneas de España
- ✓ La comida española
- ✓ Las tradiciones de España
- ✓ Los lugares más conocidos
- ✓ La historia
- ✓ La lengua (¿cómo es diferente el español de España?).

c) Investigación Elige un aspecto de la cultura de España y preséntaselo a la clase.

d) Presentación Vas a escuchar una presentación sobre España, o a ver un video sobre este país. Toma notas sobre las ideas más importantes porque después deberás escribir un resumen.

Variaciones del español

En el mundo hay veintiún países en los que se habla español como idioma oficial o de facto. Este número no incluye a los Estados Unidos, país en donde, de hecho, hay más hablantes del español que en la misma España. Sin embargo, a pesar de las fuerzas que tratan de estandarizar la lengua (como los diccionarios y la Real Academia de la Lengua), hay importantes diferencias en cómo se habla en diferentes regiones del mundo. Las diferencias en el idioma son muchas veces un reflejo de diferencias culturales o históricas. Entre otras cosas, las palabras reflejan realidades diferentes.

Las diferencias en la lengua pueden ocurrir en diferentes niveles: **a nivel léxico** (diferencia en la palabra elegida para designar un concepto), o **diferencias gramaticales** (por ejemplo, el uso de vos en vez de tú). Por supuesto, también hay **diferencias en las maneras de pronunciar**, o en el ritmo con el que se habla, lo que llamamos el acento.

Los siguientes son ejemplos de palabras con variaciones léxicas en México y en España. Trabaja con un compañero para decidir cuál es su equivalente en el español del otro país.

En México se dice...	y en España se dice...
rentar	
elevador	
computadora	
	majo
aretes	
	coger
	bombilla
	grapadora
	boli
está bien / *okey*	
niño	
	piso
playera	

El acento español

Escucha un programa de radio o televisión española y escribe una lista de las diferencias que observes.

Después comenta con tus compañeros y comparen sus listas. ¿Fue fácil o difícil entender el programa?

¿De qué región de España era el acento? Recuerden que dentro de la misma España hay importantes diferencias en la pronunciación y el léxico.

Mapa de España.
Source: Open clipart.
Author: Berteh

Antes de leer

1. ¿Por qué crees que en español existe el uso de "tú", "vos" y "usted", cuando en inglés se usa solamente *you*?

2. ¿Qué sabes acerca del uso de *vosotros*?

El registro y el lenguaje coloquial

La noción de registro lingüístico se refiere a la elección de una opción de entre varias que ofrece un idioma. La elección tiene que ver con factores como convenciones sociales, el medio de comunicación (¿escrito? ¿oral?), el tema del que se habla y la intención del mensaje. Por ejemplo, un adolescente elegirá palabras diferentes para comunicarle un mensaje a un maestro que a su mejor amigo. Quizás las palabras elegidas sean diferentes si está hablando cara a cara con su amigo, o escribiéndole un texto en el teléfono.

La palabra **coloquio** es sinónimo de conversación. Usar lenguaje coloquial significa usar un idioma informal, familiar. Sin embargo, usar lenguaje coloquial no significa necesariamente usar las formas de la segunda persona del singular (*tú*). Hay muchas otras maneras en las que se puede usar el lenguaje coloquial aunque se usen las formas de *usted*. Cabe mencionar que en España, a diferencia de los países hispanoamericanos, cuando se le habla a un grupo de personas se distingue entre un uso formal (ustedes) y un uso informal (vosotros).

Además del cambio en el uso de los pronombres, es posible distinguir entre la formalidad y la informalidad de un registro examinando el uso de fórmulas, palabras o convenciones específicas que sean adecuadas para esa situación. El léxico tiende a ser más específico en el ámbito de nuestra vida profesional. En contraste, los registros informales aparecen más en interacciones con personas cercanas, como familiares y amigos. Las interacciones informales se caracterizan por la falta de planeación en el uso de fórmulas, y el uso de estructuras simples.

Existe también un tercer tipo de registro, llamado *lenguaje vulgar*, el cual, por definición, es un registro equivocado en la situación en la que se emplea. Se caracteriza por usos incorrectos del idioma, pobreza lingüística y léxica. El lenguaje coloquial goza, en general, de aceptación social, mientras que el lenguaje vulgar carece de ella. Ejemplos de palabras que algunos consideran *vulgarismos* son usar *nadien* (en vez de **nadie**), *cercas* (en vez de **cerca**), *hubieron* (en vez de **hubo**), y *haiga* (en vez de **haya**). Sin embargo, la división entre lo que es un coloquialismo y lo que es un vulgarismo es cada vez más difícil de establecer. Muchas expresiones que antes se consideraban vulgarismos, hoy se aceptan como lenguaje coloquial, como en el caso de los ejemplos citados anteriormente. Irónicamente, el lenguaje coloquial y los vulgarismos han ido cambiando la lengua más que el llamado lenguaje culto, pues si la mayoría de los hablantes usan una expresión, esta terminará siendo aceptada como una variante de la lengua.

En realidad, lo más importante no es juzgar que forma es mejor, sino entender cuándo es conveniente usar cualquiera de estos registros para facilitar la interacción y tener la mejor comunicación posible.

Para pensar

1. Ya que en Hispanoamérica no se usa *vosotros*, ¿cómo se sabe si se le está hablando formal o informalmente a un grupo de personas?

2. ¿Por qué crees que el lenguaje coloquial se acepte mucho más que el lenguaje vulgar?

3. ¿Juzgas a las personas por su manera de hablar? Explica tu respuesta.

A practicar

a) Comentarios La siguiente es una lista de ejemplos de expresiones coloquiales comunes al hablar, pero que no se usan en el lenguaje formal o escrito. Escribe una alternativa que no sea coloquial para cada una. ¡Atención! No es necesario cambiar todas las palabras en negritas.

1. Vi una película **bien bonita**. _____

2. El video está **rebueno**. _____

3. Hacía **harto calor**. _____

4. Este regalo es **pa mi madre**. _____

5. Mi **apá** trabaja demasiado. _____

6. No creo que **haiga nadien**: no contestan. _____

7. **¿Quiúbole?** Hace mucho que no te veía. _____

8. ¡El vestido que **comprastes está tan bonito**! _____

9. **Vamos yendo** a la tienda. Está **muy cercas**. _____

10. ¡**Qué pancho armaron** en la fiesta! _____

11. **Nomás** llamo a mi **abue** y me voy. _____

12. **Agarré tres clases bien** difíciles. _____

b) Más coloquialismos Las siguientes palabras se usan comúnmente en el español de México en contextos coloquiales o cuando se habla con niños. ¿Qué palabra usarías para substituirla en un contexto formal?

1.	panza	_____	5.	chido	_____
2.	chafa	_____	6.	transa	_____
3.	gacho	_____	7.	choncho	_____
4.	agüitado	_____	8.	nomás	_____

Evitar coloquialismos

En el español coloquial se usan una serie de expresiones que son parte de la improvisación del momento. Cuando escribimos tenemos tiempo para pensar y, por lo mismo, las expectativas son mayores. No escribas coloquialismos en un texto escrito, a menos que se trate de un diálogo en un texto literario y así hablen los personajes. Los siguientes son ejemplos de usos coloquiales que no se usan al escribir un texto formal.

Pero

"¡Pero qué difíciles son las matemáticas!"; "¡Pero cómo se atreve a cuestionarme!"

Expresiones como *si, y, que, conque, ni, pues,*

"Pues habrá que ver que pasa."; "Le dije que conque sí, eh".

Marcadores discursivos como *bien, bueno, vamos, mira, venga, oye*

"¡Vamos, que así es esto!"; "Bueno, pues yo concluyo mi ensayo ahora".

Interjecciones o muletillas (*ay, ¿eh?, ¡vaya!, este*).

"¡Ay, se me hizo difícil entender la presentación!"; "este, pues no estoy de acuerdo".

También se considera coloquial el uso de ciertas estructuras gramaticales. Por ejemplo, el imperfecto para indicar intención ("*Venía a darle las gracias*"; "*Quería invitarla a una fiesta*"), o el futuro para hablar de probabilidad ("*No vino, ¿estará enfermo?*"). Cabe señalar que el léxico coloquial cambia contantemente. Aunque ha habido intentos de crear un diccionario del español coloquial, es una labor prácticamente imposible debido a la velocidad con la que aparecen nuevos términos en todos los países hispanoparlantes. Además, el léxico coloquial incluye palabras acortadas ("peli" en vez de película; "cole" en vez de colegio, etc.), y préstamos de otras lenguas. Si te interesa el tema, consulta el diccionario de español coloquial de Victoriano Gaviño, el cual se encuentra en esta dirección del Internet: coloquial.es

Al escribir no se debe dar la impresión de improvisar. Por eso, evita repeticiones y el uso de palabras innecesarias. Planea cuidadosamente cada oración.

La organización de un texto

Es importante organizar las ideas de manera que fluyan lógicamente porque queremos dar la impresión de haber planeado bien nuestro texto. Por eso, antes de empezar a escribir, elabora un mapa de lo que quieres decir. No cometas el error de escribir lo que vas pensando sin regresar a editarlo y organizarlo. Es fundamental revisar lo que escribiste, incluso varias veces. Así podrás asegurarte de que las oraciones estén completas, corregir errores tipográficos y cerciorarte de que las ideas fluyan de manera lógica y coherente. Uno de los errores más comunes es escribir lo que le viene a uno a la cabeza, saltando de un tema a otro (incluso dentro de una misma oración), sin orden. Para que tu escrito tenga una dirección y un propósito, antes de empezar a escribir establece qué es lo que quieres comunicar y cuáles son las ideas o la información que apoyan el mensaje.

¡Traducción, por favor!

a) Mensaje al profesor En esta ocasión vas a «traducir» un mensaje electrónico a un registro más formal, uno que sea adecuado para escribirles a tus profesores.

¡Atención! Corrige también errores de ortografía o puntuación, así como cualquier «detalle» que pueda ayudarle al profesor a entender claramente el mensaje.

DE:	osoferoz@yahoo.com	**ENVÍADO: 5 de diciembre 2017**
A:	perez_nuñez@español.com	
ASUNTO:		

Que tal maestro quería preguntarle si podemos entregar la tarea tarde xque este finde tengo que trabajar y pues no tengo tiempo bueno gracias.

b) Otros mensajes Ahora escribe los siguientes mensajes:

1) Un mensaje electrónico a tu profesor para decirle que vas a faltar a clase.

DE:	
A:	
ASUNTO:	

2) Un mensaje al presidente de tu universidad para pedirle una cita (decide tú el asunto de la reunión).

DE:	
A:	
ASUNTO:	

Escuela de idiomas

Imagina que es verano y estás trabajando para una escuela de idiomas. Tu trabajo es responder los mensajes de estudiantes latinoamericanos que quieren venir a estudiar inglés a los Estados Unidos.

a) Llamada Trabaja con un compañero. Uno de ustedes va a hacer el papel del estudiante interesado. El otro va a ser el representante de la escuela y responderá las preguntas. Tomen algunos minutos para prepararse usando las siguientes instrucciones.

Estudiante: Piensa en al menos diez preguntas lógicas y escríbelas antes de llamar. Por ejemplo, piensa en la duración de los cursos, el hospedaje y las comidas, los precios, etc.

Representante: Toma unos minutos para escribir algunas ideas acerca de la información que crees que en estudiante internacional va a necesitar, así como dos o tres características de la escuela. Por ejemplo, cuánto cobran, cuántos estudiantes hay por grupo, actividades extracurriculares, hospedaje, atractivos de la región, etc.

Presten atención al registro formal de la situación. No usen formas de *tú*.

b) Mensajes Ahora vas a responder al siguiente correo electrónico enviado por la madre de un estudiante interesado en asistir a la escuela de idiomas de la actividad anterior.

DE:	gutierrezm@educa.cl	**ENVÍADO: 20 de marzo 2019**
A:	englishnow@englishnowcourses.net	
ASUNTO:	Consulta	

A quien corresponda:

Les escribo para pedir información adicional acerca de sus cursos de verano. En particular quisiera saber si aceptan a menores de edad. Mi hija tiene 14 años, pero es muy madura para su edad.

Su información en *www.englishnow.com* no menciona nada acerca de cómo seleccionan a las familias anfitrionas para los estudiantes internacionales, así que les agradecería cualquier información. Por último, ¿cuántos niveles de inglés tienen? ¿los libros están incluidos en el costo del curso?

Le agradezco su atención y quedo a sus órdenes,

Marisela Gutiérrez

Cognados falsos y el Espanglish

Imagina que un amigo está aprendiendo español y hace los siguientes comentarios. Tu amigo no sabe que algunas palabras que se parecen significan algo totalmente diferente (cognados falsos).

Trabaja con un(a) compañero(a) y túrnense para explicar cuál es el error (o los errores), qué significa lo que dijeron y cómo se debería decir en el español estándar.

1. Voy a tener una fiesta por el día de las brujas y estoy muy excitado.

2. Ayer se me rompieron los pantalones... ¡me sentí muy embarazado!

3. Apliqué a varias universidades y todavía no sé si me aceptaron.

4. Mi vecino me dio una apología porque fue muy rudo con mi hija el otro día.

5. Atiendo un colegio porque quiero estudiar una maestría.

6. El senador quiere correr para ser presidente.

7. Mi profesor me hizo una cuestión que no pude responder.

8. El tronco de mi automóvil es muy largo, caben varias maletas.

9. Fui a una lectura sobre el cambio climático.

10. En las vacaciones nos quedamos en un hotel muy lujurioso.

public domain clipart

¡Traducción, por favor!

Observa los siguientes ejemplos de "espanglish" y «tradúcelos» al español de alguien que no ha tenido contacto con el idioma inglés.

1. El conductor de la orquesta hizo un trabajo extraordinario.

2. Para conducir, su auto necesita tener aseguranza.

3. Yo trabajo apodando árboles de manzana.

4. No está loco, está sano.

5. Asisto a este colegio para estudiar una maestría.

6. Estoy muy cansado de trabajar, hay que tomar un break.

7. Recibí una parcela de mi abuela en Texas.

8. ¿Cuál es la agenda de ese político? No confío en él.

9. Las facilidades de esta universidad son muy modernas.

10. Prefiero no comer ese postre porque es muy rico y yo estoy a dieta.

LA ACENTUACIÓN

En español las palabras se dividen en **agudas**, **llanas** (también llamadas graves), **esdrújulas** y **sobreesdrújulas**. Las reglas de acentuación se basan en esta clasificación y ahora vas a practicar las cuatro reglas más básicas.

Para entender la clasificación primero debes saber dividir las palabras en sílabas y reconocer cuál es la sílaba tónica (la que suena más fuerte).

Tipo de palabra	Característica	Ejemplos
aguda	La sílaba tónica es la última.	Canción, condición, azul
llana o grave	La sílaba tónica es la penúltima (es decir, la segunda, contando desde el final de la palabra).	Mesa, hombre, banco,
esdrújula	La sílaba tónica es la tercera (contando desde el final).	Ánimo, sábado, párroco
sobreesdrújula	La sílaba tónica es la cuarta (contando desde el final).	Enérgicamente, escribiéndoselas

Reglas generales de acentuación

Palabras agudas: Se acentúan si terminan en vocal, o en las consonantes **n** o **s**. No se acentúan en el resto de los casos.

    pantalón   patín   pincel   pared   José

Palabras llanas o graves: Se acentúan si terminan en consonante, exceptuando la **n** y la **s**.

    regla   Cádiz   moda   perla   Pérez

Palabras esdrújulas: Se acentúan en todos los casos.

    patético   mérito   pretérito   pérdida   básico

Palabras sobreesdrújulas: Siempre se acentúan.

    permítemelo   escóndeselo   termínatelo

LA ACENTUACIÓN

Otras consideraciones para acentuar

1) Palabras monosilábicas A veces se deben acentuar para diferenciar el significado. A este tipo de acento se le conoce como diacrítico. Por ejemplo:

de	*preposición*		**tu**	*posesivo*
dé	*dar, mandato*		**tú**	*pronombre personal*
mi	*adjetivo posesivo*		**el**	*artículo*
mí	*pronombre personal*		**él**	*pronombre personal*

2) Palabras interrogativas Todas las palabras para preguntar (qué, quién, cuándo, cómo, etc.) requieren de un acento. Observa que si la palabra no es parte de una pregunta es posible que no lleve tilde.

3) Diptongos Un diptongo es una combinación de una vocal fuerte (**a**, **e**, **o**) y una débil (**i**, **u**) dentro de una misma sílaba. Se requiere una tilde sobre la vocal fuerte cuando se aplican las otras reglas de acentuación. **¡Atención!** Hay reglas adicionales sobre diptongos y triptongos de las que hablaremos posteriormente.

A practicar

a) Pronunciación Lee en voz alta las siguientes palabras para diferenciar cuál es la sílaba fuerte. Después explica la diferencia en el significado de cada una.

1. analizo   analizó

2. celebre   célebre   celebré

3. doméstico   domestico   domesticó

4. publico   público   publicó

b) ¿Se necesita el acento? Observa las palabras de la lista, identifica la sílaba tónica y escribe el acento **solamente** si es necesario.

algebra	comezon	familia
autobus	comico	gorila
avion	contaminacion	heredero
bilingüe	educacion	ladron
bonito	elemental	matematicas
casa	esparrago	quimica

A practicar

a) Clasificación Anteriormente aprendiste que las palabras se dividen en **agudas, llanas, esdrújulas o sobreesdrújulas,** según donde se encuentre la sílaba tónica.

    1) Separa las siguientes palabras según su clasificación.

    2) Después de clasificarlas, escribe los acentos si se necesitan.

agujeta	examen	redaccion
arbol	examenes	renglon
cafe	leccion	simpatia
conferencia	Jimenez	simpatico
escondiendolos	Mexico	super
esparrago	perdida	supermercado
escribid	permitame	zoologico

agudas	graves	esdrújulas	sobre-esdrújulas

A continuación repetimos las reglas para que te puedas referir a ellas más fácilmente. Hay varias reglas adicionales que encontrarás la unidad 5, y también en el apéndice A de este libro (donde todas las reglas aparecen juntas).

Reglas generales de acentuación

Palabras agudas: Se acentúan si terminan en vocal, o en las consonantes **n** o **s**.

        pantalón   patín   pincel   pared   José   .

Palabras llanas o graves: Se acentúan si terminan en consonante, exceptuando la **n** y la **s**.

        regla   Cádiz   moda   perla   Pérez

Palabras esdrújulas: Se acentúan en todos los casos.

        patético   mérito   pretérito   pérdida   básico

Palabras sobreesdrújulas: Siempre se acentúan.

        permítemelo   escóndeselo   termínatelo

El idioma español

En este capítulo has aprendido un poco acerca de la historia del idioma español. Ahora vas a escribir un breve ensayo (entre 500 y 600 palabras) acerca de un tema relacionado con el idioma.

Las siguientes preguntas o afirmaciones son para ayudarte a elegir un tema específico. Es probable que tengas que investigar y leer sobre el tema. Recuerda citar las fuentes que utilices.

- o   Es difícil traducir porque no hay una traducción para todo.

- o   Pensaría de forma diferente si no hablara español.

- o   Aprender otro idioma debería ser obligatorio.

- o   La gente se pone paranoica cuando no entiende lo que alguien está diciendo

- o   El espanglish debería considerarse un idioma

- o   Hay palabras que necesitan inventarse en inglés/español

- o   Hay diferencias entre el español de Estados Unidos y el de México

- o   ¿Debería los Estados Unidos ser un país bilingüe? ¿Qué implicaría legalmente?

- o   La importancia del español en el mundo

- o   ¿Tienen los comunicadores de los medios (TV, radio, internet) la obligación de modelar un idioma correcto?

- o   ¿Es realmente necesaria la Real Academia de la Lengua Española (RAE)? ¿Qué pasaría si no existiera la RAE?

- o   ¿Se debe considerar a los Estados Unidos como un país hispano?

Rita Moreno

Una de las actrices más conocidas en los Estados Unidos es una puertorriqueña cuya carrera tiene más de 70 años de existencia. Estamos hablando de Rita Moreno, quien además de ser actriz es también bailarina y cantante. Su trabajo ha sido muy exitoso tanto en teatro como en películas y en televisión. De hecho, es una de las pocas artistas que ha ganado premios importantes en estas cuatro categorías: un Óscar (cine), dos Emmy (televisión), un Grammy (música) y un Tony (teatro)

Rita Moreno nació en Puerto Rico en 1931 con el nombre de Rosa Dolores Alverío. Cuando tenía cinco años su madre se mudó a Nueva York con ella. Rita comenzó a tomar clases de baile, y a los 13 años consiguió su primer trabajo en Broadway, interpretando a Angelina en la obra *Skydrift*. Inmediatamente llamó la atención de los productores de Hollywood, lo que eventualmente llevó a su participación en varias películas. En 1961 obtuvo el Óscar gracias a su interpretación de Anita en *West Side Story*. Aunque Moreno confiaba en que este éxito le permitiría conseguir papeles menos estereotipados, no fue así. Por lo mismo, dejó de participar en películas por siete años.

Portada de la autobiografía de Rita Moreno.

Aunque los papeles no estereotipados tardaron en llegar, Moreno finalmente empezó a recibir ofertas para actuar en programas en los que no tenía que ser una hispana pobre, una sirvienta o una pandillera. Por citar un par de ejemplos, Moreno fue la voz de Carmen en *Where the Earth is Carmen San Diego*. También ganó un premio ALMA por su interpretación de una psicóloga en la serie *Oz*. Rita Moreno participó en series muy conocidas como *Law & Order*, con un papel recurrente. También cantó en la Casa Blanca para el presidente Clinton, y recibió la Medalla Presidencial de la Libertad, un importante honor civil de los Estados Unidos.

En cuanto a su vida personal, Rita Moreno tuvo relaciones sentimentales con personalidades muy conocidas del medio, como lo fueron Marlon Brandon (con quien estuvo casada por ocho años) y Elvis Presley. Su relación más importante fue con Leonard Gordon, con quien tuvo a su única hija. El matrimonio duró 45 años, hasta la muerte de él.

Rita Moreno publicó su autobiografía en el 2011, en la que hizo patente su indignación por la discriminación étnica que sufren las minorías en Hollywood. A pesar de su edad, continúa muy activa en su carrera. Por ejemplo, participa en el programa *One day at a Time*, de Netflix, estrenado en 2017 y que tiene una nominación para un premio Emmy. Además de su carrera profesional, Rita Moreno se ha distinguido por ser vocal en cuanto a los retos de los hispanos, y por su lucha por conseguir justicia social. Cabe mencionar su participación para llevar ayuda a Puerto Rico tras el devastador huracán María en 2017.

¿Quieres sorprenderte mucho más con la vida de esta estrella? Su autobiografía *Rita Moreno: Memorias* te está esperando.

Comprensión

1. ¿Quién es Rita Moreno y en qué se ha distinguido?
2. En tu opinión, ¿qué es lo más importante que ha logrado?
3. ¿Por qué es importante para la comunidad hispana?

Conversación

Habla con un compañero para conversar sobre las siguientes preguntas.

1. ¿Quiénes son otros actores o actrices hispanos que se han distinguido?
2. ¿Qué tipos de papeles interpretan?
3. ¿Han hecho algo más por apoyar a la minoría hispana?

Los siguientes memes circulan en las redes sociales.

1. ¿Cuál es la respuesta al primer meme?

2. ¿Estás de acuerdo con lo que se plantea en el segundo meme? Explica por qué.

3. Diseña un meme para difundir algo que hayas aprendido en este capítulo.

¿Cuántos acentos hacen falta en el siguiente texto?

Fue a visitarme un tio, pero se le olvido que ese miercoles yo fui a ver a mi medico porque me sentia mal.

Elige tu respuesta:
- a) 3
- b) 4
- c) 5
- d) 6

Es cierto que la ortografía no enamora, pero no me veo con alguien que quiera "aserme mui feliz"

Si buscas los siguientes verbos en un diccionario...¡no los vas a encontrar!

haiga
habemos
veniste
oyiste

Pertenecen solamente al habla coloquial.

¡Atención!
Las siguientes palabras no requieren de tilde:

examen

feliz

imagen

resumen

Sin embargo, los plurales de esas palabras sí necesitan la tilde.

Fuentes: *Yo amo la buena ortografía* y *Amantes de la ortografía*

¿Cuándo nació el idioma español?

No hay un momento en la historia en el que se pueda considerar que un idioma nace, pues las lenguas han evolucionado junto con la historia de los seres humanos.

El idioma latín es de vital importancia porque los romanos, quienes lo hablaban, lo diseminaron por todo su imperio. El latín se impuso en los pueblos conquistados, pero se mezcló con otras lenguas que ya se hablaban en esos lugares. Así nacieron las diferentes lenguas latinas, también llamadas lenguas romances.

Una de las lenguas derivadas del latín es el castellano, el que recibió ese nombre porque se hablaba en la región de Castilla. Hoy lo conocemos como el idioma español.

Lenguas cooficiales en España:

- Gallego, oficial
- Gallego reconocido, pero no oficial
- Euskera oficial
- Euskera reconocido, pero no oficial
- Catalán oficial.
- Catalán reconocido, pero no oficial.
- Aranés
- Valenciano oficial
- Valenciano oficial pero no lengua histórica

De Fobos92 - Trabajo propio, CC BY-SA 4.0,
https://commons.wikimedia.org/w/index.php?curid=69686942

Momentos importantes del español

Antonio de Nebrija publicó el primer diccionario del castellano en 1492.
¿Por qué crees que los diccionarios sean importantes?

La Real Academia de la Lengua (RAE) fue fundada en 1713, inspirada en el modelo francés. Sus objetivos eran preservar y fomentar el buen uso del idioma. A través del tiempo, cada uno de los países en donde se habla español ha fundado su propia academia. En total hay 23, y todas trabajan juntas como parte de la Asociación de las Lenguas de la Lengua Española (ASALE).
El inglés no tiene una academia de la lengua. *¿Cómo crees que los angloparlantes preservan el buen uso de su idioma?*

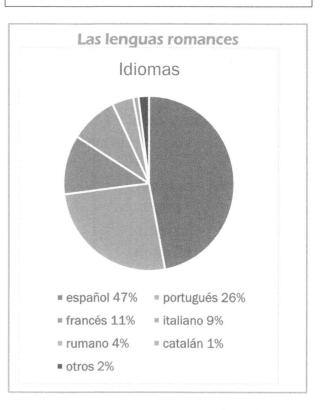

Las lenguas romances

Idiomas

- español 47%
- portugués 26%
- francés 11%
- italiano 9%
- rumano 4%
- catalán 1%
- otros 2%

UNIDAD 3

COMIDA E IDENTIDAD

CONTENIDO Y OBJETIVOS

Objetivos

o   Identificar y analizar diferentes valores culturales.

o   Comparar y analizar practicas relacionadas con la dieta.

o   Incrementar tu vocabulario a través del uso de afijos.

o   Entender las diferencias y semejanzas entre la puntuación en español y en inglés.

o   Mejorar tu conocimiento metalingüístico del idioma español.

Comida e identidad

La comida es un tema **favorito** de las conversaciones. Los alimentos nos proporcionan **sustento**, así como oportunidades para convivir, para compartir, para desarrollar la creatividad y, por supuesto, para conversar. Por si fuera poco, la comida nos da también un componente de nuestra identidad. ¿Quién no recuerda los **platillos** que preparaba su abuela o de algún otro **pariente**?

Además de ser parte de nuestra identidad, la comida une a personas de todas las nacionalidades. Es un elemento fundamental de cada cultura, un elemento **central** de incontables tradiciones, y un testigo de la historia de una región. En la comida de un pueblo podemos ver los ingredientes que se cultivan, los **métodos** de preparación y los ritos culturales que rodean el acto de comer. Con la comida asociamos prácticas culturales (hacer un asado para verse con los amigos); valores (comprar productos frescos del mercado sobre ruedas, no del supermercado); prácticas religiosas (no comer carne durante la cuaresma), así como otras tradiciones que hablan de nuestra herencia cultural.

Pixnio. Dominio público.

A pesar de que el número de granjeros y agricultores ha disminuido significativamente en el último siglo, hoy en día la industria de la comida es un **negocio** cada vez más grande que va más allá de producir alimentos. Se trata de uno de los segmentos de la economía más importantes, ya que provee de empleos directa e indirectamente a una gran parte de la población del mundo. Algunos de los segmentos de este mercado incluyen la investigación para producir mejores variedades genéticas de productos vegetales y animales, su producción, su distribución, su **conservación** y el mercadeo de los alimentos.

Un concepto interesante que combina la identidad cultural de un producto con su protección comercial es la clasificación de *producto de denominación*. Cuando un producto se **cataloga** con este título, significa que solamente puede ser **producido** en el lugar específico en el que se originó. Hay **implicaciones** económicas importantes de esta protección legal. Ejemplos de productos de denominación son el champán (producto de Francia), el tequila (de Jalisco, en México), el queso parmesano (de la región de Parma, en Italia), y el queso manchego (de la región de la Mancha, en España).

El fenómeno opuesto al de la denominación de origen es el de la internacionalización; se trata de comidas que se popularizaron en extensas regiones, rebasando fronteras. Generalmente se trata de platillos de preparación relativamente rápida, cuyos ingredientes pueden también encontrarse fácilmente. Por ejemplo, mucha gente en varios países hispanoamericanos cree que algunos platillos son típicos de su país solamente, cuando en realidad se comen en toda la región, o incluso se originaron en otra parte o cultura del **mundo**. Ejemplos de esto son el flan, el arroz con leche o las empanadas.

Independientemente del origen de cualquier platillo, lo que es indiscutible es que gran parte de nuestra identidad cultural **se afianza** alrededor de la comida. Los platillos tradicionales generalmente tienen una historia larga que puede remontarse incluso a tiempos ancestrales, es decir, a la dieta de nuestros antepasados. Por todo esto, comer supera la esfera de lo cotidiano y se convierte en una expresión de identidad cultural, con su complicada red de valores y connotaciones.

Comprensión y discusión

1. En pocas palabras, ¿cuál es el tema del articulo?
2. En el texto se habla de cómo la comida expresa prácticas culturales y religiosas, así como valores. Basado en tu experiencia, da un ejemplo para cada una.
3. ¿Cuál es la intención del autor? ¿Qué evidencia hay en el texto de esto?
4. ¿Estás de acuerdo con el autor? Explica tu respuesta.
5. ¿Influye tu identidad en lo que comes, o lo que comes influye en tu identidad? Explica.
6. ¿Es posible comer sin que haya un elemento cultural?
7. ¿Existe algún producto de denominación dentro de los Estados Unidos? ¿Hay platillos "típicos" de los Estados Unidos que en realidad se hayan originado en otros países?

Vocabulario

Proporciona un sinónimo para cada una de las palabras en negritas que aparecen en la lectura.

PROYECTO CULTURAL
Investiga un plato típico de una cultura o región que no sea la tuya. Prepara un reporte para la clase. Por lo menos debes incluir la siguiente información:

- o Origen
- o Los ingredientes y el modo de preparación
- o La historia del platillo
- o Los ritos culturales alrededor del platillo (cómo, cuándo, dónde y quién lo come).

a) Conversación Habla con uno o dos compañeros acerca de sus respuestas a las siguientes preguntas.

1. ¿Cuál es tu comida favorita? ¿Qué ingredientes se necesitan para prepararla? ¿Sabes cocinarla? ¿Es difícil?

2. ¿Cuáles son los ingredientes básicos en tu dieta?

3. De todas las comidas "étnicas" disponibles, ¿cuál es tu favorita y por qué?

4. ¿Hay alguna comida que comas solamente en una fecha específica? ¿Cuál y cuándo? ¿Por qué?

5. ¿Hay diferencias entre tu alimentación y la de tus padres o abuelos? Explica con detalles.

6. ¿Qué dice tu dieta acerca de ti?

b) Citas sobre la comida Elige dos de las siguientes citas y habla de ellas con un compañero: En sus palabras, ¿qué significan estas citas? ¿Están ustedes de acuerdo? ¿Por qué?

Quien comparte su comida, no pasa solo la vida. (Anónimo)

Pan con pan, comida de tontos. (Anónimo)

Somos lo que comemos. (dicho popular).

El amor por la boca entra. (dicho popular)

A buen hambre no hay pan duro. (Dicho popular)

Las penas con pan son menos. (Dicho popular)

Los jóvenes hoy en día son unos tiranos. Contradicen a sus padres, devoran su comida, y le faltan al respeto a sus maestros. (Sócrates)

---

c) Ejemplos Las siguientes palabras aparecen en la lectura de la página anterior. Escribe una oración con cada una de ellas.

1. resguardado _____

2. cotidiano _____

3. componente _____

4. fundamental _____

5. connotaciones _____

La siguiente es una lista de palabras relacionadas con la comida. Encierra en un círculo las palabras que no reconozcas o de las que no estés cien por ciento seguro de qué significan. Consulta con la clase y con tu profesor para despejar dudas.

Vocabulario básico

Sustantivos	mate	sabroso
antojo	nutrientes	salado
botella	proteínas	saludable
calorías	sabor	soso
carbohidratos	totopos	vegetariano
chatarra	vitaminas	**Verbos**
dieta	**Adjetivos**	adelgazar
fibras	amargo	aumentar
frasco	congelado	eliminar
grasas	delicioso*	engordar
harinas	descremado	evitar
kilo	embotellado	freír
lácteos	dulce	hornear
legumbres	grasoso	masticar
libra	magro	limitar
litro	perjudicial	hacer dieta
mariscos	picante	probar

* Nota: *A diferencia del inglés, no se debe usar la palabra "muy" antes del adjetivo **delicioso**.*

a) Categorías Completa la tabla con las formas necesarias de cada palabra.

Verbo	Sustantivo	adjetivo
		congelado
limitar		
	grasas	
	nutriente	
freír		

Actividad adicional: Escribir una oración para cada palabra.

b) El contexto Completa las siguientes ideas con palabras del vocabulario. **¡Atención!** Deberás cambiar varias de las palabras a otras categorías de la lengua que tengan la misma raíz de la palabra (por ejemplo, podrías convertir un verbo en un sustantivo). No se necesitan todas las palabras.

calorías   dulce   engordar   embotellado   frasco   grasa   limitar   picante

1. El contenido _____ de las comidas fritas en muy alto.

2. El café es amargo, mucha gente prefiere _____ con azúcar.

3. Para vender el vino y la cerveza, se deben _____.

4. ¡Ay! _____ mucho esta salsa.

5. Por favor, ayúdame a _____ este molde para hacer galletas.

6. Estoy muy _____, debo comenzar una dieta.

c) Opiniones Trabaja con un compañero para expresar una opinión fundamentada acerca de las siguientes comidas. Empiecen por describir su valor nutricional, su opinión sobre su importancia en la dieta de la gente de los Estados Unidos (u otro país). Digan si les gusta o no ese alimento y cierren con una conclusión general. Traten de usar varias palabras del vocabulario.

1. la pizza

2. los refrescos

3. la quinoa

4. la papa

5. la tortilla

6. los mariscos

7. los huevos

8. ¿? (elige un alimento)

> **¿Hay una palabra?**
> Determina qué palabra(s) hay en español para referirse a los siguientes alimentos:
>
> *bagel*
> *cupcake*
> *milkshake*
> *sandwich*

d) Crucigrama Trabaja con un compañero. Uno de ustedes va a ver el crucigrama **A** en la siguiente página, y el otro va a trabajar con el crucigrama B en la página que sigue al crucigrama A. Van a turnarse para explicarse las palabras de sus listas <u>sin decirlas</u>. Tampoco deben ver la información de su compañero.

A

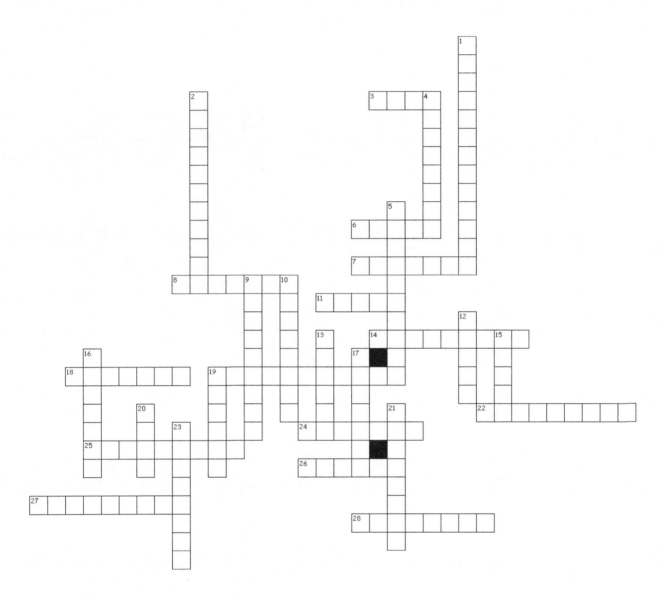

Estudiante A (horizontales)

3. mate

6. freír

7. lácteos

8. botella

11. dulce

14. saludable

18. picante

19. embotellado

22. congelado

24. hornear

25. adelgazar

26. frasco

27. vitaminas

28. chatarra

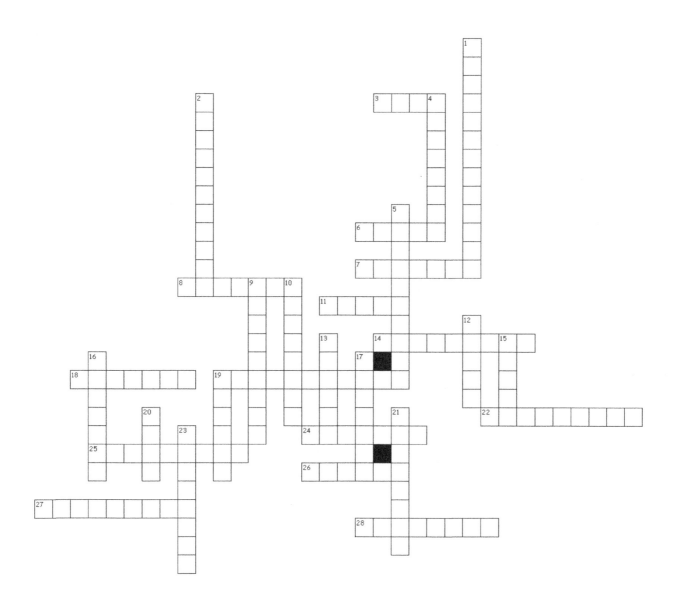

Estudiante B (verticales)

1. carbohidratos

2. vegetariano

4. engordar

5. descremado

9. legumbres

10. aumentar

12. magro

13. salado

15. litro

16. limitar

17. harinas

19. evitar

20. kilo

21. calorías

23. mariscos

El presente progresivo

Observa las siguientes oraciones y decide cuáles crees que sean correctas de acuerdo con las reglas estandarizadas del español. Después trabaja con un compañero para corregir las que no sean apropiadas.

> Todos los días estoy comiendo una dieta sana.
>
> Este fin de semana estoy yendo a la playa.
>
> Mi hermana y yo estamos estudiando en una universidad pública.
>
> Soy leyendo un buen libro.
>
> Mi amigo está trabajando en un restaurante.

El uso

El tiempo usado en los ejemplos de arriba se conoce como el presente progresivo. En inglés el presente progresivo se usa en varias situaciones en las que no se usa en español, como para hablar de planes futuros. En el español, el uso se limita a acciones en progreso en ese preciso momento.

La forma

El presente progresivo se forma con el verbo estar y un gerundio. *Gerundio* es el nombre de un verbo terminado en *-ando* o *-iendo*. Como puedes observar en la tabla de abajo, el gerundio no cambia su conjugación en ningún caso. Esto es porque se usa con el verbo estar, que es el que se debe conjugar.

	-ar		-er/ -ir
yo	estoy cant**ando**	nosotros	estamos escrib**iendo**
tú	estás bail**ando**	vosotros	estáis viv**iendo**
él/ella/usted	está cant**ando**	ustedes/ellos	están entend**iendo**

¡Atención! En el inglés es común usar el gerundio sin el verbo **estar**, en cuyo caso funciona como sustantivo. Por lo mismo, puede ser el sujeto de una oración. En español esto no es posible: si un verbo es el sujeto de la oración se debe usar un verbo en infinitivo.

Smoking is bad for your health.   **Fumar** es malo para la salud.

Más sobre el gerundio

1. Algunos verbos tienen un gerundio considerado irregular, pero que sigue unas reglas lógicas:

caer	cayendo	**ir**	yendo
construir	construyendo	**leer**	leyendo
destruir	destruyendo	**oír**	oyendo

Observa que se usa la letra *ye* en vez de la *i* para deshacer un triptongo (tres vocales juntas).

2. En inglés es común usar el gerundio para hablar del futuro. En español puedes usarlo solamente si estás haciendo la acción mientras hablas, o si es parte de una rutina temporal. Si la acción va a ocurrir en el futuro, no se debe usar.

Are you travelling next weekend? → **¿Vas a viajar** el próximo fin de semana?

I like reading. → Me gusta **leer**.

This term I am taking four classes. → Este semestre **estoy tomando** cuatro clases.

3. Tanto en inglés como en español es posible usar el gerundio como un adverbio, es decir, una palabra que modifica cómo se hace una acción.

They entered the room singing. → Entraron a la habitación **cantando**.

Traducciones

a) ¿Necesitas el gerundio? Observa los siguientes ejemplos en inglés y trabaja con un compañero para decidir cuál es la mejor traducción al español. Presten atención al uso del gerundio, del infinitivo o del futuro.

1. Cooking with love is the secret for a great taste.

2. I don't enjoy going to the supermarket.

3. I am making a cake to celebrate your anniversary next weekend.

4. She ate her food chewing slowly.

5. I am reading a very interesting book.

Afijos: sufijos y prefijos

Un **afijo** es una silaba o una parte de una palabra que tiene la capacidad de cambiar el significado de un vocablo. Existen dos tipos de afijos: los sufijos y los prefijos. Un prefijo se ubica antes de la raíz, y un sufijo después de ella. En otras palabras, los sufijos se colocan al final de una palabra, en tanto que los prefijos se ponen al inicio.

Existen muchos tipos de sufijos. Uno de los más comunes es el pronombre que se le agrega a un verbo reflexivo. Por ejemplo, *volver / volver**se***. El significado de *volver* sin el sufijo es simplemente *regresar*, en tanto que ***volverse*** significa *cambiar*, *convertirse* en algo diferente: Se volvió loco.

Un sufijo puede añadirse a muchos tipos de palabras, no solo a los verbos. Por ejemplo, el sustantivo *cuchillo*, puede convertirse en *cuchillada* o *cuchillito*. Se conserva así el concepto original de la palabra, pero ajustándose a las necesidades de la lengua. Así, un adjetivo como *hábil*, puede cambiarse al sustantivo *habilidad*, o al adverbio *hábilmente*. Si agregamos un prefijo, puede cambiar el significado de la palabra a lo opuesto: inhabilidad. Algunos prefijos comunes son ***ante-***, ***pre-***, ***in-***, ***en-*** y ***des-***. Entre los sufijos más comunes en español están ***-ad***, ***-ano***, y ***-mente***.

Numerosos afijos del idioma español provienen del latín y del griego. En las siguientes páginas aprenderás algunos de los más comunes. Antes de observar la lista, ponte a prueba con las palabras de la lista de abajo.

Ponte a prueba

Piensa en tres palabras que pueden derivarse de las siguientes con un sufijo o un prefijo, y después explica cómo ha cambiado el significado con respecto a la palabra original.

canción _____   ventana _____   almohada _____

bueno _____   malo_____   leal _____

SUFIJOS DE ORIGEN GRIEGO

SUFIJO	SIGNIFICADO	EJEMPLOS
–algia	dolor	gastralgia
–arquía	mando	monarquía
–cracia	poder	democracia
–dromo	carrera	hipódromo
–filia	afición, proclividad a	germanofilia
–gamia	matrimonio	poligamia
-itis	inflamación	apendicitis
–lito	piedra	monolito
–patía	padecimiento	neuropatía
-teca	caja o archivo	biblioteca
–fobia	odio	hidrofobia

Ponte a prueba

¿Qué nuevas palabras puedes formar usando afijos y los siguientes sustantivos? ¿Qué significan?

aristócrata
auto
claustro
disco
tendón

PREFIJOS COMUNES DE ORIGEN GRIEGO

PREFIJO	SIGNIFICADO	EJEMPLOS
a-, an-	sin	amorfo
anfi-	alrededor	anfiteatro
em-, en-	dentro	encéfalo
endo-	interno	endogamia
exo-	fuera	exoesqueleto
hemi-	medio	hemisferio
hiper-	sobre, exceso de	hiperventilar
hipo-	debajo, por debajo de	hipócrita
peri-	alrededor	periférico
poli-	varios	políglota
pro-	delante	prolongar

Ponte a prueba

Da otros ejemplos de palabras para cinco de estos sufijos.

SUFIJOS DE ORIGEN LATINO

SUFIJO	SIGNIFICADO	EJEMPLOS
-ano	Pertenencia a una persona, nación, etc.	Australiano: de Australia.
-ario	Indica una relación general o específica	Agrario: relacionado con el agro.
-ble	Que puede ser.	Visible: que puede ser visto.
		Amable: que puede ser amado.
-ez(a)	Forma sustantivos femeninos a partir de adjetivos.	Belleza: cualidad de bello.
-ez	Pertenencia (por extensión se hizo patronímico)	Vejez, Pérez
-cida	Que mata.	Homicida, que mata hombres.
-dad, -tad	Formación de sustantivos abstractos.	Libertad: cualidad de libre.
-ia, -io e -ía, -ío	Puede formar adjetivos y sustantivos.	Alegría: cualidad de alegre.
-dura y -tura	Forma sustantivos derivados de verbos, de participios pasivos o de adjetivos.	Locura: cualidad de loco.
-voro	Que come.	Omnívoro: que come de todo.
-oso	Forma adjetivos desde sustantivos u otros adjetivos.	Chistoso: que es como un chiste.

PREFIJOS COMUNES DE ORIGEN LATINO

PREFIJOS	SIGNIFICADO	EJEMPLOS
ad-	hacia o añadido	adjunto
bi-, bis-	dos	bilingüe
co-, con-, com-, cor-	con	conciudadano
des-	privación, no tener	descomunal
ex –	que ya no es, ha cesado	expresidente
extra-	muy, fuera de	extraordinario
in-, im-	en	imponer
i-, in-, im-	sin, privado de	irracional
inter-	entre	internacional
intra-	dentro	intramuscular
multi-	muchos	multicolor
omni-	todo	omnipotente
pos-, post-	después	poscomunión
pre-	delante, anterior	prenatal
re-	de nuevo, otra vez	reinventar
su-, sub-	debajo, por debajo	subalterno
super-, supra-	encima, por encima	superhéroe
trans-, tras-	más allá de, a través de	transiberiano

Pruébalo

Usa afijos o prefijos para crear nuevas palabras con los siguientes vocablos. Explica qué significa la nueva palabra.

color
frágil
operación
pasar
solución
terrestre
usar

Ejercicios

a) Significados Los siguientes pares de palabras tienen una raíz en común, pero su significado es diferente gracias al uso de afijos. Túrnate con un compañero para explicar la diferencia en su significado. Recuerda usar **otras** palabras para definirlas.

1. decir, predecir

2. habilidad, inhabilidad

3. aracnofilia, aracnofobia

4. real, irreal

5. carne, carnívoro

6. física, metafísica

7. video, videoteca

8. malévolo, maldad

b) ¿Qué quiere decir la palabra? Usa la tabla de sufijos de la página anterior para explicar lo que quieren decir las siguientes palabras. Usa la lógica y tu intuición. Si no reconoces alguna palabra, establece si es un adjetivo, un verbo o un sustantivo.

1. bigamia

2. colitis

3. herbívoro

4. amoral

5. cordura

6. alguicida

7. ostentoso

8. preconcepción

9. legendario

10. mesura

11. empoderar

12. inconexo

PROYECTOS

1) PRESENTACIÓN

Elige un país hispano y prepara una breve presentación para la clase. Incluye la siguiente información:

- El clima del país y los productos agrícolas de mayor importancia
- Dos o tres platillos tradicionales (incluye los ingredientes, la preparación e información de cuándo se come o qué tradiciones están relacionadas con esta comida.

2) PELÍCULAS

Elige una de las siguientes películas (basadas en la comida) y escribe una reseña que incluya:

- Una breve sinopsis de la película

- Un análisis del papel que juega la comida en este filme

- Una conclusión general

Chef (EEUU, 2014) *Sopa de tortillas* (EEUU, 2001)   *Bon Appetit* (España, 2010)

Fuera de carta (España, 2008)   *Dieta mediterránea* (España, 2009)

Como agua para chocolate (México, 1992) *Tapas* (coproducción España, México, Argentina, 2005)

Nota: Algunas de estas películas son para público restringido

3) LITERATURA

Elige uno de los siguientes cuentos o poemas sobre la comida, búscalo(a) en el internet y léelo(a). Después escribe al menos una página con comentarios que incluyan un resumen breve, un análisis (tema, mensaje, voz narrativa, estilo, una opinión personal y una conclusión).

Rosario Castellanos: *Lección de cocina*   Gabriel García Márquez: *Ladrón de sábado*

Pablo Neruda: *Oda a la cebolla*; *Oda a la papa*   Mario Benedetti: *Almuerzo y dudas*

4) PARA DEBATIR
¿Crees que cambiar tu dieta, "*americanizarla*", tenga el efecto de cambiar tu identidad? ¿Eres menos mexicano/guatemalteco/puertorriqueño/etc., si dejas de comer comida del país de tus ancestros? Explica.

La historia del alfajor

Quizás el postre argentino más reconocido en el mundo sea el alfajor, un dulce que también es conocido en países como España, Chile, Perú y Uruguay. La historia de esta **golosina** comienza mucho antes de hacerse popular en la Argentina.

Un alfajor es un postre que consiste en una o más galletas unidas entre si con un relleno dulce, como una jalea o mermelada. Por lo general, las galletas están glaseadas o cubiertas de chocolate.

La palabra alfajor **se origina** en el vocablo árabe "[al- hasú]", que significa "relleno". Fueron los árabes quienes llevaron el alfajor a la península Ibérica durante la ocupación árabe. Hoy en día existe una asociación en España para productores de alfajores, quienes han logrado conseguir la Indicación de Origen Protegido (I.G.P.) para su producto.

Aunque los argentinos no puedan **adjudicarse** el invento de esta golosina, sin duda lo han perfeccionado al nivel que lo hace uno de los productos más conocidos de la **cocina** argentina. En este país los tipos de alfajores se multiplicaron al empezar a usarse diferentes tipos y cantidades de galletas y de rellenos.

Ante **el gusto** de los argentinos por este postre, el alfajor se ha comercializado más que en otros países. Hay alfajores hechos **en masa** para su distribución comercial en todo el país (existe una gran variedad de marcas y estilos), así como alfajores regionales, que son diferentes en cada región del país (lo cual los hace un regalo perfecto para aquellos que salen de viaje). También están los alfajores artesanales, que se venden a un **precio** mayor en el mercado *gourmet*, en base a los productos de alta calidad que se usan para su **elaboración**.

Para aquellos que saben hornear, la receta más típica de un alfajor es la de maicena. Es fácil encontrar en el Internet una receta para hacerlos, en caso de que se viva en un país donde no se comercialicen. ¡Buen provecho!

Fuente: http://www.taringa.net/post/recetas-y-cocina/4342759/Que-es-el-Alfajor-Historia-y-Recetas.html

Alfajores triples

Fotografía de *Wikipedia Commons*, autor Julgon (Julio González)
. Foto utilizada sin necesidad de permiso bajo la licencia de contenido abierto.

COMPRENSIÓN

1. Explica cuál es la idea central del artículo en menos de veinte palabras

2. ¿Cuál es el origen de los alfajores?

3. ¿Cómo se clasifican?

4. ¿Qué tipos de alfajores se pueden encontrar en Argentina?

5. En tu opinión, ¿cuál es la intención del autor?

EXPANDE TU VOCABULARIO

Encuentra un sinónimo o una frase que pueda substituir todas las palabras que aparecen en negritas en el texto de la página anterior.

UN RETO

Las siguientes comidas son parte de la cocina de varias naciones hispanoparlantes. Relaciona el platillo o bebida con el país o países con el que se le identifica culturalmente. Explica qué son.

1. pastel de choclo _____

2. gallo pinto _____

3. ropa vieja _____

4. pisco sour _____

5. cochinita pibil _____

6. tapas _____

7. ajiaco _____

8. mate _____

9. fanesca _____

10. pupusas _____

11. flan _____

12. moros y cristianos _____

Tapas. Pixnio .

La puntuación

La puntuación es una de las claves más importantes para expresarnos mejor (y más claramente) por escrito. En esta página presentaremos los signos básicos de puntuación junto algunos consejos para ayudarte a escribir más claramente.

El punto

En general, el punto (.) sirve para separar oraciones o ideas completas. Hay tres tipos de punto: el punto y seguido separa ideas que tienen una relación evidente y secuencial entre ellas. El punto y aparte se usa para comenzar un nuevo párrafo porque la relación temática no es tan inmediata. El punto final es el último tipo de punto, y concluye un texto.

La coma

En general, la coma (,) se emplea para hacer una pausa muy breve. Si lees en voz alta, te darás cuenta de que a veces es necesario hacer una pausa para tomar aire y continuar hablando. A veces las comas sirven para presentar una idea adicional, como un paréntesis. Otro uso de las comas es separar los componentes de una lista. ¡Atención! En español generalmente no se usa una coma antes de la "y" que presenta el último elemento de una lista. El idioma inglés tiende a usar comas mucho más que el idioma español.

Algunas locuciones adverbiales o conjuntivas requieren de una coma al inicio de una oración. Ejemplos de esto son las expresiones *es decir*, *por consiguiente*, *por lo tanto*, *en consecuencia*, etcétera.

Otras reglas rápidas:

- Nunca pongas una coma entre un sujeto y su verbo.

- No se pone una coma antes de la y, al final de una lista (hay algunas excepciones).

- No se usa la coma al iniciar una frase con información de modo o lugar.

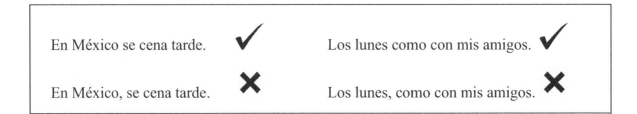

Los dos puntos

Los dos puntos (:) representan una pausa un poco más pronunciada que una coma, pero menos que un punto. Se usa para hacer llamar la atención de la idea que sigue, como una especie de conclusión. Los dos puntos también introducen citas textuales y se emplean para iniciar una correspondencia. En títulos de artículos son comunes para separar el tema general del que se hablará, y el específico.

¡Atención! Nunca se usan después de una preposición y el sustantivo que presenta.

Querido Señor Pérez: ✓   En el viaje conocí personas de: México y Cuba.
Le escribo...

El grafiti: Un medio de comunicación.✓   Como dicen en Costa Rica: "¡Pura vida!".

El punto y coma

El punto y coma (;) une dos oraciones completas que están muy relacionadas. Si el vínculo entre las dos oraciones no es muy fuerte, es preferible usar el punto y seguido. Cabe señalar que su uso es generalmente subjetivo, ya que puede optarse también por una coma o un punto en muchos casos, según la intención del autor.

También se usa para separar enumeraciones de frases más o menos largas, o que incluyan comas.

El paréntesis

Un paréntesis es un signo de puntuación que se usa en pares para separar una aclaración o añadir información no indispensable. En español se usan 3 tipos de paréntesis:

El paréntesis ( )	Se usan para agregar información como fechas, autores, aclaraciones, traducciones, etc.
El corchete [ ]	Se usan para indicar (en una cita) que se ha omitido parte del texto original. También presentan un paréntesis dentro de otro paréntesis.
Las llaves { }	Se usan para agrupar varios elementos que aparecen en líneas diferentes.
Las llaves angulares « »	Se usa en la literatura para establecer el diálogo de los personajes, o para señalar que una palabra se usa con un significado diferente al normal. También se conocen como *comillas angulares*.

Igual que en inglés, los paréntesis pueden usarse para crear emoticones: :-)

Empleos relacionados con la comida

Vas a trabajar con un(a) compañero(a) para actuar una situación laboral relacionada con el mundo de la comida. En esta situación deben interactuar de forma profesional usando un vocabulario amplio.

¡Recuerden hablarse usando las formas de *usted*!

Opciones

A) Un restaurante

Imagínense que un cliente (o dos) están de vacaciones en un país que visitan por primera vez. Deben ordenar su comida haciendo muchas preguntas sobre los platillos que se ofrecen.

Otro estudiante actúa como el mesero que lo(s) atiende, y debe responder preguntas y hacer sugerencias.

Antes de actuar busquen un menú auténtico del país con el que decidan hacer la situación.

B) La oficina de un nutricionista

Imaginen que uno de ustedes es una persona con varios problemas de salud y busca recomendaciones para alimentarse más sanamente, pero tiene muchas razones que le impiden llevar una mejor dieta.

El otro estudiante va a actuar el papel del nutricionista y a dar consejos y sugerencias para vencer los obstáculos.

C) Negocios

Imaginen que uno de ustedes desarrolló un producto (un pastel, galletas, carne, botana, etc.), y ahora quiere venderlo en una tienda ya establecida.

Un estudiante es la persona que quiere vender su producto. El otro estudiante es el dueño de la tienda.

Public Domain clipart

Calcos, anglicismos y cambios de código

¡Traducción, por favor!

Anteriormente aprendiste acerca del cambio de código y de como un hablante cambia de idioma, a veces sin darse cuenta. Debido a un fuerte contacto con el inglés, muchos hablantes usan palabras que en realidad no son parte del léxico del español (no se pueden encontrar en los diccionarios). Observa los siguientes ejemplos de palabras del *espanglish* (cambios de código y calcos) y «tradúcelos» al español de alguien que no entienda el inglés.

1. *Miguel tiene que obtener una aseguranza para su automóvil.*

2. *Maria tiene que ir al doctor, pues tiene un apuntamiento a las 3:00.*

3. *Yo trabajaba en una wainería.*

4. *Tienes que llamar para atrás a tu amigo Jaime, porque te llamó hace un rato.*

5. *Miranda tiene que ver después a su hermanita hoy por la noche.*

6. *Vamos al mall para mirar por unos zapatos.*

7. *José tiene que arreglar su troca.*

8. *La marketa está como a unos cinco bloques de aquí.*

9. *Necesitamos una carpeta nueva, o instalar un piso de linóleo.*

¿Sabías que en algunos países hispanos la publicidad usa palabras en inglés para hacer sus productos más deseables? ¿Cómo se explica esta práctica? ¿Qué opinas de ella? ¿Se usa el español en los anuncios de EE. UU. de la misma manera?

Busca la campaña de la RAE contra los anglicismos en YouTube. ¿Estás de acuerdo con ella?

Ortografía

Hay	*Existir*: Hay muchos árboles en el parque.
Ay	*Dolor*: ¡Ay! Me quemé.
Ahí/ allí	*Ubicación*: Allí están los papeles.

Aún	*Todavía* (tiempo)
	Aún no empieza la clase.
Aun	*Incluso, hasta*
	Todos fueron, aun los que Siempre faltan.

Ha / a / ah

Ha	*Auxiliar verbal*
	Ha venido a vernos
A	*Preposición*
	Voy a viajar pronto
Ah	*Interjección*
	¡Ah, ya entiendo!

por qué	*Pregunta*	¿Por qué vas a ir?
porque	*Razón*	Voy porque quiero.
porqué	*Sustantivo*	Eres el porqué de mi visita.

E	*Conjunción*	
	Soy tímido e inteligente.	
He	*Auxiliar*	
	No he visto esa película.	
Eh	*Interjección*	
	¡Eh! ¿Qué haces?	

Ves	*Verbo*
	Te ves mejor con lentes.
Vez	*Sustantivo*, ocurrencias
	Salgo de vez en cuando.

Casar	*Verbo (recíproco)*
	Juan y Lola se casan mañana.
Cazar	*Verbo*: seguir y matar
	Fui a cazar venados.

Rehusar	*No querer*: se rehusó a ser otra víctima.
Reusar	*Volver a usar:* No es suficiente con reciclar, también debemos reusar el plástico.

Tubo	*Sustantivo*
	Es un tubo de plástico.
Tuvo	*Verbo (pretérito)*
	Mi gata tuvo crías anoche.

Has	*Auxiliar*: ¿Has visto mi libro?
Haz	*Verbo (mandato):* Haz la tarea.
Haz	*Sustantivo*: Fue visible un haz de luz.
As	Sustantivo: El as es una carta de la baraja.

Palabras homófonas

En la página anterior hay varios ejemplos de palabras homófonas, aquellas que suenan igual, pero se escriben diferente. A continuación vas a ver una lista que incluye algunas palabras de la página anterior y algunos homófonos adicionales. Explica la diferencia en el significado de cada par de palabras y después escribe una oración con cada una de las palabras.

Modelo: **habría** → Es el verbo "haber": *Habría menos injusticias si las leyes fueran mejores.*

   abría → Es el verbo "abrir" en el pasado: *Yo antes abría las ventanas antes de dormir.*

1.   a

   ha

2.   has

   haz

3.   tubo

   tuvo

4.   casar

   cazar

5.   rehusar

   reusar

6.   ves

   vez

La dieta y la cultura

Vas a escribir un ensayo de entre 400 y 500 palabras.

El tema es libre, pero debe estar relacionado con el tema de este capítulo (la comida).

Usa un vocabulario amplio y presta atención a la puntuación y a la ortografía.

Recuerda organizar tu texto de manera que empieces con una introducción al tema en el primer párrafo. No olvides escribir una conclusión después de haber presentado toda la información.

Ideas para tu composición:

Cómo influye mi identidad cultural en mi dieta

Cómo mejorar la dieta de los estudiantes

Análisis de los problemas de la dieta tradicional en Estados Unidos/ México/ Colombia/ ¿?

Los alimentos modificados genéticamente (*escribe a favor o en contra*)

¿Vegetarianos o carnívoros? (*repercusiones*)

La comida orgánica (*ventajas y desventajas*)

El sobrepeso y la pobreza (*análisis*)

Sonia Sotomayor

Una de las personas más influyentes dentro de la justicia de los Estados Unidos es la Jueza Sonia Sotomayor, hija de padres puertorriqueños. Nació en el Bronx, en Nueva York, en al año 1954. Aunque su padre murió cuando era una niña, para su madre fue una prioridad que Sonia tuviera una buena educación. Sotomayor dijo en una entrevista que fue debido a un programa de televisión, *Perry Mason,* que decidió estudiar leyes, lo cual hizo en la Universidad de Yale. Así, Sotomayor ya había decidido su profesión a los diez años de edad.

Ya titulada, Sotomayor trabajó como asistente del fiscal del distrito de NY, resolviendo casos de criminales como robos, homicidios y pornografía infantil. En 1984 se hizo socia de una firma de abogados (*Pavia & Hartcourt*). En 1991 se convirtió en la primera mujer juez del distrito de Nueva York, y también en la más joven. Para ese puesto fue nominada por el entonces presidente George W. Bush. Fue el presidente Barak Obama, quien la nombró para el puesto de Juez Asociada de la Corte Suprema, en el año 2009.

Además de todos sus logros en el campo de la abogacía, Sonia Sotomayor también ha publicado una autobiografía. Fue publicada simultáneamente en inglés y en español en el 2013. Además de todo su trabajo legal, en la actualidad Sotomayor también dirige un proyecto para educar a los niños hispanos que hablan español en educación cívica, a través de videojuegos entretenidos. Este trabajo educativo cuenta con 19 videojuegos diferentes en los que los jugadores dirigen un bufete de abogados.

Stock Photo Description: Free, public domain image: Supreme Court Justice Nominee Sonia Sotomayor, http://www.acclaimimages.com

Comprensión

Decide si las afirmaciones de la lista son ciertas o falsas. Señala en qué parte del texto te basas para responder.

1. La educación ha sido uno de los intereses de la jueza Sotomayor.

2. Su padre influenció mucho la carrera de Sotomayor.

3. Sotomayor solamente ha sido apoyada por políticos demócratas.

4. Llegó a ser abogada por cuestiones del destino.

Conversación

Para hacerse ciudadano naturalizado de los Estados Unidos, una persona debe aprobar un examen que consiste en varias partes. Una de las secciones incluye preguntas sobre civismo. La siguiente es una lista con algunas de estas preguntas. ¿Estarías preparado para pasar esta parte del examen?

1. ¿Cuál es la ley suprema de la nación?

2. ¿Qué hace la Constitución?

3. ¿Qué es una enmienda?

4. ¿Cuál es un derecho o libertad que la Primera Enmienda garantiza?

5. ¿Qué significa la palabra *Civismo*? ¿Lo estudiaste en la escuela? ¿Cómo se aplica a tu vida diaria?

La mayoría de los siguientes memes circulan en las redes sociales.

1. ¿Estás de acuerdo con ellos? Explica por qué.

2. ¿Alguno te parece gracioso?

3. Diseña un meme para difundir algo que hayas aprendido en este capítulo.

Fotografía cortesía de Gerardo Kloss.

Una coma puede cambiar el significado de una oración:

Espero que me llame.

Espero que me coma.

Quienes aún confunden «a ver» con «haber» deberían hirviendo cómo solucionar el problema.

Fuente: Yo amo la buena ortografía / Amantes de la ortografía

- **Me das la impresión de sentirte circunspecta, taciturna y hasta nefelibata. ¿Qué necesitas?**

- **Un diccionario.**

Openclipart. Improulx.

¿Sabías que el español es el único idioma que usa signos iniciales de interrogación y de exclamación? ¿Te gustaría que fueran opcionales para que sea más fácil escribir? ¿Y qué pasaría con la **ñ**?

Los platillos del mundo hispano

Un plato tradicional por encargo

La cocina de México es una de las tres del mundo que se considera Patrimonio de la Humanidad por la UNESCO. Debido a la gran variedad de platillos en cada una de las regiones de la República Mexicana, es imposible decir que hay solamente un plato nacional. México es famoso por sus platos basados en muchos tipos diferentes de moles, por sus carnes, por sus platillos hechos a partir del maíz, y por muchas otras delicias. Sin embargo, dentro de cualquier lista de platillos nacionales aparecerán los famosos chiles en nogada. Este platillo, dice la leyenda, fue creado por las monjas agustinas del Convento de Santa Mónica, en el estado de Puebla, para conmemorar el paso de Iturbide con el ejército Trigarante en 1821. El plato muestra los colores de la bandera de México, y se hace con ingredientes muy originales, como la combinación de acitrón y canela para hacer el picadillo de carne con el que se rellenan los chiles poblanos, así como nueces para hacer la salsa de nogada y granada, para decorar los chiles.

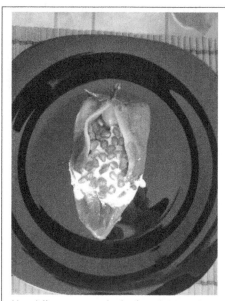

Un chile en nogada (salsa de nuez).
Fotografía cortesía de Fernando Casas

Moros y cristianos

La combinación de arroz y frijoles ha dado como resultado varios platillos tradicionales en países diferentes. El platillo *Moros y cristianos* es parte de la gastronomía criolla cubana, y consiste en mezclar arroz blanco con frijol negro, así como varios condimentos que le dan una personalidad peculiar.

En Puerto Rico la mezcla de arroz y frijol le da vida al plato tradicional de *Arroz con gandules* (un tipo de frijol). El plato lleva también como ingrediente principal carne de cerdo, y es un platillo típico en la mesa navideña.

Si está en Costa Rica o en Nicaragua y le ofrecen Gallo pinto, le servirán un delicioso plato de arroz mezclado con frijoles y otros ingredientes. Hay tantas variaciones condimentadas de forma diferente, que es probable que no se dé cuenta de que se trata del mismo platillo básico.

Los frijoles son un alimento originario del continente americano, mientras que el arroz fue introducido por los europeos, por lo que todos estos platillos se consideran platos criollos.

Productos de origen americano

Aguacate	maíz
Cacahuate	melón
Cacao	papas
Calabaza	tomate
Fresa	vainilla

Productos de Europa y otras partes del mundo

aceitunas	naranjas (Asia)
arroz (Asia)	peras
betabel	queso
brócoli	rábanos
col	uvas

UNIDAD 4
¿QUE LA HISTORIA LOS ABSUELVA?

CONTENIDO Y OBJETIVOS

Objetivos

o   Identificar y analizar diferentes perspectivas.

o   Profundizar tu conocimiento de la historia y personajes importantes de algunos países hispanos.

o   Mejorar tu conocimiento metalingüístico del idioma español.

o   Practicar los verbos irregulares en el pretérito y entender las reglas de conjugación.

o   Continuar identificando cognados falsos y calcos gramaticales.

Antes de leer

Trabaja con un compañero para crear una lista de personas de la historia que les parezcan importantes. Después dividan la lista en dos: los que tuvieron un impacto positivo y los que tuvieron un impacto negativo. Comparen su lista con la de otros grupos y expliquen su decisión acerca del impacto positivo o negativo.

Los héroes y los villanos de la historia

Eva Perón

María Eva Duarte de Perón (1919-1952) fue una actriz argentina que se convirtió en primera dama cuando su esposo, Juan Domingo Perón, asumió la presidencia de Argentina en 1945, un año después de casarse. En su papel de primera dama, Eva Perón fue una participante activa en la política. Entre otras **labores** importantes, **logró** que las mujeres argentinas pudieran votar, y después luchó también por la igualdad jurídica de cónyuges, incluyendo la patria potestad compartida. Además, a través de su fundación, ayudó a los grupos más necesitados de la sociedad argentina y a las clases trabajadoras. Su fundación construyó escuelas, hospitales y asilos, entre otros, y creó oportunidades para estudiar y para conseguir vivienda. A pesar de su corta vida, Eva Duarte escribió dos libros (*La razón de mi vida*, y *Mi mensaje*). En vida y en muerte, Evita fue un personaje controversial que despertó pasiones a su favor y en su contra.

Eva Perón. *Foto de Dominio Público* (1951).

El Che Guevara

Ernesto Guevara (1928-1967) es más conocido en la historia como "Che" Guevara. **Originario** de una familia de clase media, Ernesto casi había terminado sus estudios de medicina en Buenos Aires, Argentina, cuando **se embarcó** en un viaje que le cambiaría la vida. Al darse cuenta de las injusticias que persistían en todos los países latinoamericanos, Guevara decidió dedicar su vida a corregir estas injusticias. Se volvió guerrillero y participó activamente en la Revolución Cubana. Peleó también en El Congo y en Bolivia, donde murió al ser capturado y ejecutado por el ejército boliviano y la CIA. Sin embargo, el Che **permaneció** en la memoria histórica como un símbolo de lucha contra las injusticias sociales. Para otros, sin embargo, fue simplemente un asesino que había que controlar.

Foto tomada por Alberto Korda. *Dominio público.*

Sor Juana Inés de la Cruz

Nacida Juana Inés de Asbaje y Ramírez de Santillana (1651-1695), Sor Juana fue una religiosa y escritora del s. XVII. **Se distinguió** por sus poemas, por su prosa y por sus obras teatrales, escritas dentro del marco del Siglo de Oro de la literatura hispana. Sor Juana se aficionó a la lectura desde muy niña, gracias a la influencia de su abuelo. Posteriormente decidió ingresar a una orden religiosa para poder seguir estudiando y cultivando las letras, una actividad poco común entre las mujeres en esa época. Probablemente su obra más conocida sea un ensayo publicado con el título de *Respuesta a Sor Filotea de la Cruz*, una carta en la que defiende su labor intelectual y el derecho de la mujer a educarse.

Sor Juana.
Dominio público

Antes de su muerte, hacia 1693, Sor Juana casi dejó de escribir por completo y se dedicó a labores más típicas de una **monja**. Muchos piensan que esto fue porque **sucumbió a** la presión de sus enemigos, quienes deseaban que dejara de escribir.

Santa Anna

Antonio López de Santa Anna (1794-1876) fue presidente -y también dictador vitalicio- de México. Santa Anna inició su **carrera** política y militar cuando el país buscaba su independencia de España. Inicialmente se involucró en la política de su país como militar, hasta llegar a ser el líder del ejército nacional. En 1829 Santa Anna venció a una expedición española que llegó con la misión de reconquistar a México para la Corona española. Su triunfo le valió el **sobrenombre** de "Héroe de Tampico" (el puerto donde desembarcaron y fueron vencidos los españoles). Para 1833 Santa Anna se había hecho presidente de la nación. Posteriormente volvió a ser presidente en 1839, 1841 y 1844, en parte gracias a su defensa de México ante otra invasión, esta vez de Francia. En esta nueva guerra Santa Anna perdió una pierna y parte de una de sus manos. Sin embargo, le faltaban todavía muchos retos por afrontar: La pérdida de Texas, el fallecimiento de su esposa y el escándalo que lo siguió cuando se volvió a casar poco más de un mes después de la muerte de su esposa. Santa Anna se exilió en Cuba por un tiempo, pero regresó a pelear contra los esfuerzos expansionistas de los Estados Unidos, país que buscaba quedarse con más territorios mexicanos. Para 1853 Santa Anna había regresado a la presidencia. Ante las dificultades económicas que enfrentaba el país, Santa Anna se hizo muy impopular al empezar a cobrar impuestos por

Carlos Paris, *Antonio López de Santa Anna*, siglo XIX, óleo sobre tela. Imagen tomada de: Josefina Zoraida Vázquez, La intervención norteamericana, 1846-1848, México, Secretaría de Relaciones Exteriores, 1997, p. 44.

Dominio Público.

cualquier **pretexto**. Su impopularidad creció aún más cuando cedió a las presiones de los Estados Unidos y vendió parte del territorio mexicano. Fue derrocado en 1855 y pasó casi todo el resto de su vida en el exilio, aunque regresó a México dos años antes de su muerte.

Simón Bolívar

Simón José Antonio de la Santísima Trinidad Bolívar y Palacios Blanco era el nombre completo de Simón Bolívar (1783-1830). El llamado libertador de América nació en el territorio que hoy es Venezuela, pero que en ese entonces era una colonia de la Corona española. Bolívar contribuyó directamente en la independencia de Bolivia, Colombia, Ecuador, Panamá, Perú y, por supuesto, Venezuela.

Su carrera política inició tras la muerte de su esposa, ocurrida al poco tiempo después de casarse, cuando Bolívar tenía apenas 20 años. Su vida cambió radicalmente: se hizo militar y encabezó la lucha de independencia en las naciones mencionadas. Además, fue el primer presidente de Bolivia, y en algún momento, dictador de Perú. Aunque casi todos lo aclaman como héroe, existen recuentos negativos de su vida, como la que escribió el filósofo y economista Karl Marx.

Rigoberta Menchú

Rigoberta Menchú Tum (Guatemala, 1959-) se ha distinguido como **líder** indígena y defensora de los derechos humanos. Ha recibido el Premio Nobel de la Paz (1992) y ha sido embajadora de buena voluntad de la UNESCO. En 2007 se postuló a la presidencia de su país, quedando en quinto lugar.

Menchú llegó a ser conocida a partir de la publicación del libro *Yo, Rigoberta Menchú*, en la que narraba su vida y todas las injusticias que sufrió su familia, incluyendo los asesinatos de su padre y de dos de sus hermanos. Entre 1998 y 1999 el libro de Menchú fue criticado por dos periodistas norteamericanos que la acusaron de exagerar y cambiar varios de los hechos narrados en su libro.

Menchú encabeza la fundación Rigoberta Menchú Tum, la cual intenta fomentar la justicia y la democracia para los Pueblos indígenas originarios. Entre sus programas, la fundación tiene como meta impulsar la educación, la participación ciudadana y la lucha contra la impunidad.

Comprensión y discusión

1. De las personas de las que se habla, ¿quiénes se opusieron al *Status Quo* y cómo?
2. En tu opinión, ¿cuál de estas personas tiene más peso en la historia mundial? ¿Por qué?
3. ¿Cuál de estos personajes históricos te parece más controversial? ¿Por qué?
4. ¿Qué otra persona de la historia conoces que sea controversial? Explica.

PROYECTO

Los siguientes son personajes importantes de la historia que también pueden ser percibidos positiva o negativamente, según la perspectiva. Elige uno (o a otra persona de tu interés) y prepara una presentación para la clase. Consulta al menos tres fuentes de información diferentes. Analiza lo positivo y lo negativo de sus actos, y establece una conclusión personal.

Juana Azurduy	Fidel Castro	Cristóbal Colón	Hugo Chávez
Hernán Cortés	Pablo Escobar	Augusto Pinochet	Pancho Villa

Vocabulario para hablar de política y de personalidades políticas e históricas

Sustantivos

asesor

ciudadano

derecha

ejército

elección

enemigo

estabilidad*

fortalecimiento*

gobierno

golpe de estado

héroe/ heroína

injusticia

izquierda

justicia

ley

liderazgo

papel

patria

villano

Adjetivos

abnegado

cobarde

débil

dedicado

desaparecido

egoísta

honesto*

humilde

justo

leal

legal*

malevolente*

malhechor*

poderoso

popular*

traidor

valiente

Verbos

apoyar

asesinar

boicotear*

derrocar

elegir

luchar

lograr

vencer

votar

Practica tu vocabulario

a) antónimos Provee de un antónimo (palabra que significa lo opuesto) para cada palabra de la lista anterior que tenga un asterisco.

b) palabras relacionadas Completa la siguiente tabla con las otras partes de la lengua.

Verbo	Sustantivo	adjetivo
		popular
	liderazgo	
votar		
apoyar		

c) La palabra necesaria Completa las oraciones con una palabra derivada de la lista. ¡Atención! Las palabras de la lista son una pista, pero no son necesariamente la respuesta. Por ejemplo, si la palabra es votar, la respuesta podría ser votación. Presta atención a la parte de la lengua que necesitas.

abnegado   apoyar   asesor   ciudadano   héroe   honesto   humilde

1. Para ser un buen líder hay que actuar con _____.

2. Rigoberta Menchú ha defendido _____ los derechos de su pueblo.

3. Para conseguir la _____ es necesario haber sido residente de EE. UU. por cinco años.

4. Eva Perón nació en el seno de una familia _____.

5. El ejército de México defendió _____ a su país de los franceses en la batalla de Puebla.

6. Es imposible ganar una elección presidencial sin el _____ de los ciudadanos.

d) Relaciones Túrnate con un compañero para explicar la diferencia/semejanza entre cada par de palabras.

1. elección   votación

2. derecha   izquierda

3. asesinar   derrocar

4. justo   leal

5. malhechor   villano

6. abnegado   dedicado

e) En contexto Escribe una oración lógica en la que uses en contexto cada una de las siguientes palabras.

1. malevolente _____

2. papel _____

3. liderazgo _____

4. patria _____

5. estabilidad _____

6. ley _____

¿Ya lo sabes?

Observa las siguientes oraciones. La mitad son correctas y la otra mitad no lo son. Señala cuáles son las incorrectas y corrígelas.

1. Ayer vine a la universidad muy temprano.

2. ¿Tú oístes lo que dijo la maestra?

3. Cuando fui niño me encantaban los dulces.

4. Mi familia vivió en Puerto Rico por dos años.

5. Hubieron varios errores en el reporte.

6. Vosotros llegasteis tarde a la función.

7. La presentación de la biografía sobre Simón Bolívar fué un éxito.

8. Nosotros vinimos para discutir el libro de Rigoberta Menchú.

El pretérito del indicativo

El pretérito es el nombre del tiempo que se emplea en el idioma español para referirse a una acción terminada. En otras palabras, el pretérito describe una acción que finalizó y ya no puede modificarse. No es el único tiempo que se emplea para hablar del pasado, pero es probablemente el más común. La siguiente tabla resume la conjugación de los tres grupos, pero hay que notar que hay muchos verbos irregulares.

	-ar (cantar)	-er (beber)	-ir (vivir)
yo	cant**é**	beb**í**	viv**í**
tú	cant**aste**	beb**iste**	viv**iste**
él/ ella/ usted	cant**ó**	beb**ió**	viv**ió**
nosotros	cant**amos**	beb**imos**	viv**imos**
vosotros	cant**asteis**	beb**isteis**	viv**isteis**
ustedes/ellos	cant**aron**	beb**ieron**	viv**ieron**

Verbos irregulares comunes en el pretérito

Observa que la mayoría de los verbos irregulares <u>no</u> necesitan acentos, a diferencia de los verbos regulares.

DAR	
Yo	di
Tú	diste
Él/ella/Ud.	dio
Nosotros	dimos
Ustedes	dieron
Ellos	dieron

DECIR	
Yo	dije
Tú	dijiste
Él/ella/Ud.	dijo
Nosotros	dijimos
Ustedes	dijeron
Ellos	dijeron

Nota que los verbos terminados en **-ir** no son iguales en la conjugación de *ustedes* y *ellos*: se usa -**jeron** en vez de -**ieron**.

ESTAR	
Yo	estuve
Tú	estuviste
Él/ella/Ud.	estuvo
Nosotros	estuvimos
Ustedes	estuvieron
Ellos	estuvieron

HACER	
Yo	hice
Tú	hiciste
Él/ella/Ud.	hizo
Nosotros	hicimos
Ustedes	hicieron
Ellos	hicieron

IR	
Yo	fui
Tú	fuiste
Él/ella/Ud.	fue
Nosotros	fuimos
Ustedes	fueron
Ellos	fueron

OIR	
Yo	oí
Tú	oíste
Él/ella/Ud.	oyó
Nosotros	oímos
Ustedes	oyeron
Ellos	oyeron

SER	
Yo	fui
Tú	fuiste
Él/ella/Ud.	fue
Nosotros	fuimos
Ustedes	fueron
Ellos	fueron

TENER	
Yo	tuve
Tú	tuviste
Él/ella/Ud.	tuvo
Nosotros	tuvimos
Ustedes	tuvieron
Ellos	tuvieron

Nota que el pretérito de **tener**, así como el de **estar**, requieren escribirse con la <u>v</u>.

Verbos irregulares cuya raíz cambia a *u*:

andar	anduve	**poner**	puse
caber	cupe	**saber**	supe
poder	pude	**tener**	tuve

Verbos irregulares cuya raíz cambia a *j* (verbos que terminan en *-cir*).

conducir	conduje
decir	dije, dijeron
traducir	traduje, tradujeron

¡Atención! En la conjugación de ustedes/ellos el final de la conjugación es *-eron*, no *-ieron*

Verbos irregulares cuya raíz cambia a *i*:

decir	dije
venir	vine
ver	vi

Verbos con cambios en la raíz

Solamente los verbos del grupo -ir tienen cambio en el radical en el pretérito, y solamente en la tercera persona del plural y del singular.

Verbos con **o** cambian a **u** solamente en la conjugación de la tercera persona del singular y plural (él, ella, usted, ustedes, ellos).

> dormir → d**o**rmí, d**u**rmió
> morir → m**o**rimos, m**u**rieron

Verbos con **e** cambian a **i**
advertir, consentir, competir, medir, mentir, pedir, preferir, reír, repetir, seguir, sentir, servir, sonreír, sugerir

> competir → c**o**mpetí, compitieron
> repetir → repetimos, repitió

Verbos con **ui** cambian a **y**
construir, concluir, huir, sustituir, incluir, contribuir, leer, oír

> huir → huí, huyeron
> construir → construimos, construyeron

CUADERNO DE GRAMÁTICA

Verbos con cambio en la ortografía

Los siguientes cambios no son irregularidades, sino cambios en la ortografía con el fin de conservar el sonido original de la palabra.

1) Verbos que terminan en **-_car_** cambian a **-_qué_** en la primera persona (yo): buscar, chocar, comunicar, explicar, fabricar, indicar, pescar, practicar, tocar, sacar

2) Verbos que terminan en **-_gar_** cambian a **-_qué_** en la primera persona: apagar, colgar, llegar

3) Verbos que terminan en **-_guar_** cambian a **-_güé_** en la primera persona averiguar, atestiguar

4) Verbos que terminan en **-_zar_** cambian a **-_cé_** en la primera persona: alcanzar, almorzar, comenzar, empezar

Ejemplos

	colocar	llegar	averiguar	empezar
yo	colo**qué**	lle**gué**	averi**güé**	empe**cé**
tú	colocaste	llegaste	averiguaste	empezaste
él/ella/usted	colocó	llegó	averiguó	empezó
nosotros	colocamos	llegamos	averiguamos	empezamos
vosotros	colocasteis	llegasteis	averiguasteis	empezasteis
ustedes/ellos	colocaron	llegaron	averiguaron	empezaron

Ponlo a prueba

Escribe la conjugación del pretérito para cada uno de estos verbos en la conjugación de **yo**.

aguar _____

alcanzar _____

explicar _____

colgar _____

LA DIÉRESIS

La diéresis es un signo de puntuación que afecta el sonido de la vocal sobre la cual se escribe. En español solamente se usa con la letra **_u_**. Sirve para devolverle el sonido a la **_u_** cuando esta letra aparece en las sílabas **gue** y **gui**. Nota que la diéresis no se usa en las sílabas **guo** ni **gua** porque la **_u_** no ha perdido su sonido en ellas.

Entre las palabras más frecuentes que llevan diéresis en español usan se encuentran las siguientes:

agüero

agüitarse   bilingüe   lingüística   pingüino

ambigüedad   cigüeña   nicaragüense   vergüenza

argüir   güero

Ponlo a prueba
¿Cuál es el pretérito de los siguientes verbos para la primera persona del singular (yo)? ¿Cuáles requieren de la diéresis?
averiguar   investigar   aguar   comulgar

a) ¿Qué dijeron? Trabaja con un compañero para completar con el pretérito lo que dijeron las personas. Después decidan en el año más lógico para que ocurriera el acontecimiento. Nota que todas las respuestas están **en la primera persona (*yo*).** ¡Atención a la ortografía!

Modelo: Hernán Cortés: (yo/venir) a América en...

Hernán Cortés: *Vine* a América ***en 1511***.

| 1491 | 1492 | 1520 | 1910 | 1916 | 1946 | 1959 |

1. Fidel Castro: _____ (saber) que era el momento de empezar una revolución en Cuba en...

2. Cristóbal Colón: _____ (buscar) una nueva ruta a las Indias y _____(hallar) un nuevo continente en...

3. Pancho Villa: _____ (atacar) una población de los Estados Unidos en...

4. Eva Perón: _____ (querer) apoyar a los trabajadores y _____ (pelear) por sus derechos en...

5. La reina Isabel: Le _____ (dar) dinero a Colón para financiar su viaje a las Indias en...

6. La Malinche: _____ (averiguar) que había un complot para asesinar a Hernán Cortés en...

b) La semana pasada Habla con un compañero sobre lo que hicieron ustedes (o alguien que conocen) la semana pasada. Usen los verbos de la lista y presten atención a la conjugación de los verbos (escriban la conjugación también).

Modelo yo (hacer)...   Estudiante 1: *La semana pasada mi amiga **hizo** una fiesta.*

Estudiante 2: *La semana pasada yo hice la cena para mi familia.*

La semana pasada...

1. conducir _____   **3.** decir _____   **5.** caber _____   **7.** poder _____

2. saber _____   **4.** ver _____   **6.** pelear _____   **8.** traer _____

c) Figuras históricas Elige a un personaje histórico y habla con un compañero sobre lo que hizo la persona para hacerse importante. Compartan todos los detalles que sepan sobre esa figura y narren usando el pretérito.

d) ¿Quién? Habla con varios estudiantes de la clase para encontrar al menos un compañero que haya hecho una de las actividades. Toma notas para reportarle a la clase posteriormente.

Modelo: **Decir** una mentira (¿A quién?) → ¿Le **dijiste** una mentira a alguien recientemente?

dar un regalo (¿A quién? ¿Por qué?)

traducir algo (¿Para quién?)

conducir el fin de semana (¿Adónde?)

ir al cine (¿Qué vio? ¿Cuándo?)

dormirse viendo televisión anoche (¿Qué vio?)

poner fotos en Facebook (¿De qué?)

preferir levantarse tarde el fin de semana pasado (¿A qué hora?)

pedirle algo a alguien (¿Qué y a quién?)

reírse de algo (¿De qué?)

hacer tarea (¿Para qué clase?)

e) Verbos difíciles Los siguientes verbos presentan algunas dificultades. Usa la lógica (busca semejanzas con otros verbos) y decide cómo conjugarlos en el pretérito. Si no sabes el significado, averígualo.

Modelo: hurgar   *hurgué, hurgaste, hurgó, hurgamos, hurgaron, hurgastéis, hurgaron*

errar	_____	satisfacer	_____
forzar	_____	seducir	_____
llover	_____	traducir	_____
nevar	_____	verter	_____
oler	_____	zurcir	_____

Antes de leer

Piensa en la historia de los Estados Unidos. ¿Hay héroes y villanos? ¿Quiénes son y por qué?

La Malinche: Un símbolo de la historia

Lienzo de Tlaxcala (*Dominio público*).

Se sabe que el nombre original de la Malinche fue Malintzín. Aunque hay diferentes versiones acerca de esta mujer, se acepta en general la versión de Bernal Díaz del Castillo, un historiador que viajó con Hernán Cortés durante la conquista de América. De acuerdo a Bernal Díaz del Castillo, doña Marina (el nombre que le dieron los españoles a Malintzín) fue hija de un noble azteca. Sin embargo, su padre murió cuando ella era muy joven. Su madre volvió a casarse, y el padrastro de Malintzín convenció a la madre de la joven de regalarla. Fue así que se convirtió así en esclava. Aunque el idioma original de Malintzín era el náhuatl (la lengua de los aztecas), en su nuevo papel de esclava llegó a vivir a Tabasco, donde aprendió varios dialectos mayas.

Cuando Hernán Cortés llegó a Tabasco, un poco antes de iniciar la conquista, recibió como regalo a diecinueve esclavas, entre las que estaba Malintzín. Poco después, Cortés se enteró de que Malintzín hablaba tanto el náhuatl como las lenguas mayas, y le ofreció su libertad a cambio de su ayuda como traductora.

Malintzín se transformó así en *doña Marina*. No sólo ayudó a Hernán Cortés interpretando para él, sino que también usó sus conocimientos de las culturas indígenas para lograr negociar mejor con los pueblos indígenas. Doña Marina en una ocasión también le salvó la vida a Cortés, advirtiéndole de una emboscada para asesinarlo. Algunos historiadores asumen que Malintzín estaba enamorada de Cortés y que hubiera hecho cualquier cosa por él, aunque otros piensas que esta es una reinterpretación romántica de lo que sucedió.

Hernán Cortés y doña Marina tuvieron un hijo, al que se le considera el primer mestizo (mezcla de europeos e indígenas]. Por esto, la Malinche se considera la madre de México, un país de mestizos. Sin embargo, la Malinche es también sinónimo de traición porque prefirió ayudar a los españoles, y no a sus hermanos indígenas.

Tras la conquista, la esposa de Hernán Cortés vino a visitarlo a la Nueva España. Entonces Cortés casó a doña Marina con uno de sus hombres, Juan Jaramillo. A partir de ese punto, la Malinche y su hijo desaparecieron de la historia.

¿Cuánto entendiste?

1. ¿Cuáles son otros dos de los nombres con los que se conoce a la Malinche?
2. ¿Por qué se hizo esclava la Malinche?
3. ¿Cuándo se conocieron Cortés y la Malinche?
4. ¿Que hizo ella para ayudar a Cortés?
5. ¿Con quién se casó la Malinche?
6. ¿Por qué se le considera una traidora?
7. ¿Qué piensas tú acerca de la historia de este personaje histórico?

Para conversar

Elije un personaje de la historia de Estados Unidos o de otro país que te parezca interesante y habla con un compañero sobre quién fue, cuándo y dónde vivió, qué hizo, y tu opinión personal sobre este personaje... ¿fue héroe o villano? ¿Por qué?

Para investigar

Busca la canción "La maldición de la Malinche". ¿Qué imagen se presenta de ella? ¿Estás de acuerdo? Explica tu respuesta.

Lienzo Tlaxcala. Dominio público.

Otros personajes de la historia

Proyectos

1) Presentación

Elige una persona importante de la historia o de la actualidad de quien no se haya hablado mucho en clase. Investiga las contribuciones o la problemática relacionada con esta persona. Presta atención a consultar fuentes confiables.

Presenta a la clase la información que encontraste, prestando atención a dar información objetiva. Incluye una conclusión personal.

2) Películas

Elige una de las siguientes películas acerca de dos personas controversiales de la historia. Después de ver el filme, escriba una reseña que incluya:

- Una breve sinopsis de la película

- Un análisis de cómo se presenta al protagonista (positiva o negativamente, por ejemplo).

- Una evaluación general del papel de esta persona en la historia

- Una conclusión personal sobre la película.

> *Yo, la peor de todas,* (1990), dirigida por María Luisa Bemberg
>
> *Diarios de motocicleta,* (2004), dirigida por Warter Salles
>
> *La fiesta del Chivo,* (2005), basada en un libro de Mario Vargas Llosa, dirigida por Luis Llosa.
>
> *Trópico de sangre* (2010), película biográfica sobre las hermanas Mirabal, dirigida por Juan Delancer.

3) Literatura

a) Lee el poema _A Roosevelt,_ * de Rubén Darío. Analízalo.

> ¿Qué imagen se presenta de él? ¿Cuál es el tema? ¿y el tono?
>
> Recuerda referirte a palabras del texto para realizar tu análisis.

b) Lee el poema _Los versos del Capitán: La bandera,_ * de Pablo Neruda. Analízalo.

> ¿Qué imagen se presenta de él? ¿Cuál es el tema? ¿y el tono?
>
> Recuerda referirte a palabras del texto para realizar tu análisis.

* Búscalos en ciudadseva.com

La organización de un texto

Previamente aprendiste un poco acerca de la importancia de organizar lógicamente un texto. Ahora vas a practicar más cómo organizar y presentar tus ideas. Recuerda que el primer paso siempre es establecer (antes de escribir) qué es lo que quieres comunicar y cuáles son las ideas o la información que apoyan ese mensaje. Este simple paso puede ahorrarte mucho trabajo después.

A PRACTICAR

a) La organización más lógica Trabaja con un compañero y decidan cómo organizarían los diferentes párrafos acerca de cada uno de los temas de la lista.

Modelo   Una autobiografía

1) Introducción/presentación 2) Niñez;   3) Juventud y estudios

4) Vida profesional   5) El futuro   6) Conclusión

Los peligros de la televisión

Facebook y los cambios en mi generación

Por qué la democracia no es perfecta

La educación en Estados Unidos

Un análisis (de un libro o película que te guste)

Una vez que hayan decidido el orden de los temas, es buena idea prestar atención a las expresiones que pueden ayudar a organizar el texto. Por ejemplo, se puede empezar una oración con la palabra "Además" para indicar que estamos añadiendo información a una idea anterior.
Hagan una lluvia de ideas para encontrar expresiones útiles para organizar un texto. Hay un ejemplo para cada posible intención de la lista.

Añadir información	Causa / efecto	Contrastar / comparar información	Organizar en orden cronológico / de importancia
Además	Por eso	Sin embargo	En primer lugar

b) La organización dentro de la oración Lee con cuidado los siguientes segmentos (de composiciones de temas diferentes) y decide si se puede mejorar algo en cuanto a la organización, el vocabulario, la puntuación, la ortografía, la concordancia o la claridad. Escribe el texto editado para cada una.

1. Me siento orgullosa de ser latina, hispana, mexicoamericana porque tenemos una historia realmente bonita, bella y hermosa. Qué linda es la cultura Latina con su arte, con su aporte tradicional, con su música y con su cultura.

2. En el futuro, estoy interesado de viajar y conocer un poco más de Guatemala. Valoro la riqueza cultural de Guatemala y también valoro la influencia de la cultura americana en mi familia y en mi. Yo y mis hermanas somos el resultado de la mezcla de dos culturas americana y nativa.

3. Viendo esto documental me hizo darse cuenta de que siempre a tenido un gran separacion en América. Yo no era consciente de que Latinos lucharon para nuestro país y sin embargo, todavía no recibe el respeto que se merecen.

4. Estaba realmente sorprendente en la información que he aprendido en estos dos episodios. No estaba al tanto de una gran cantidad de la lucha Latino de vuelta en el día o que incluso lucharon por los EE. UU. Cuando yo estaba viendo el episodio de la cuestión narrador también me hizo pensar, dijo: "¿Cómo puede un país que sintió una enorme deuda con su veterano tratar algunos como ciudadano de segunda clase?

Un paso más: En los textos #3 y #4 ¿Qué crees que haya ocasionado los problemas de claridad? ¿Cómo se pueden evitar?

EMBAJADOR CULTURAL

Imagínate que hay una vacante para trabajar como embajador cultural en tu universidad. Una de tus obligaciones es apoyar a los estudiantes internacionales. Imagínate que un grupo de estudiantes latinoamericanos acaban de llegar y tú les estás dando la orientación. Prepara varias cápsulas con información cultural que los ayude a adaptarse a los Estados Unidos y a entender mejor la cultura.

Como varios de los estudiantes no habla (todavía) nada de inglés, toda tu presentación debe estar en español. Los estudiantes vivirán con una familia anfitriona durante seis meses, tomarán clases de inglés diariamente, y harán dos viajes de fin de semana.

Elige dos de los temas de abajo y para cada uno prepara una presentación de 5-8 minutos para ayudar a los estudiantes a entender mejor el tema.

- Las diferencias culturales más importantes
- El 4 de julio
- El día de la Recordación (o Día de los Caídos)
- La dieta
- Las expectativas en el salón de clases
- Explicación de a dónde irán en los dos viajes de fin de semana, y por qué es importante para entender la cultura de EE. UU.
- Diferencias a la hora de buscar pareja en una relación
- Reglas de etiqueta
- Sobrevivencia: Cómo abrir una cuenta en el banco, conseguir un teléfono y usar el sistema de transporte

Más cognados falsos

Has aprendido que un cognado es una palabra que se parece en dos idiomas y tiene el mismo significado. Cuando las palabras se parecen pero tienen un significado diferente se habla de **cognados falsos**. Es común confundir el significado de los cognados falsos cuando se vive en un país donde se habla inglés.

Un ejemplo de cognado falso es ***embarrassed*** (avergonzado) y **embarazado** (*pregnant*)**.** Otro ejemplo es ***actual*** (verdadero) y **actual** (*current*).

La siguiente es una lista es de oraciones incorrectas debido al uso erróneo provocado por cognados falsos. <u>Substituye la palabra equivocada para cada oración de la versión en español.</u>

1. Actualmente él no es el gerente.   [*Actually, he is not the manager.*]

2. Estoy viendo varios cartones en la televisión.   [*I am watching cartoons on TV.*]

3. Compré un vestido muy elaborado.   [*I purchased a very elaborate dress.*]

4. El vestido está hecho con una fábrica muy bonita.   [*The dress is made with a beautiful fabric.*]

5. La casa está a dos bloques de aquí.   [*The house is two blocks from here.*]

6. Mi primo mandó su aplicación para la universidad.   [*My cousin sent his application to the university.*]

7. Vamos a comprometernos.   [*Let's compromise.*]

8. Estamos muy envueltos en la organización de la boda. [*We are very involved in the organization of the wedding.*]

9. Ayer atendí una lectura muy aburrida.   [*I attended a very boring lecture yesterday.*]

10. Tengo un vecino que es muy rudo.   [*I have a neighbor who is very rude.*]

Verbos preposicionales y su equivalente en español

En inglés muchos verbos se combinan con preposiciones que camban su significado, pero en español existen verbos específicos que generalmente no requieren una preposición. Indica cuál es el verbo necesario en español

Inglés	español	ejemplo en español (usando una oración completa)
1. a) to take away		
b) to take back		
2. a) to give up		
b) to give in		
3. a) to get up		
b) to get back		
4. a) to go away		
b) to go out		
5. a) to step in		
b) to step up		
6. a) to look for		
b) to look after		

Más palabras homófonas (parte 2)

Anteriormente aprendiste de varias palabras que la mayoría de las personas pronuncian igual (o de manera parecida), pero se escriben de forma diferente dependiendo de su significado.

Trabaja con uno o dos compañeros. Para cada uno de los siguientes grupos de palabras, determinen cuál es la diferencia en el significado de las palabras y escriban un ejemplo para cada una.

1. mi / mí

2. tu / tú

3. el / él

4. haya/ halla /allá

5. a ver/ haber

6. ay / ahí / hay

7. e / he / eh

8. hacer / a ser

9. sino / si no

10. si / sí

11. de / dé

12. vaya / valla

UNA BIOGRAFÍA

En este capítulo has leído y hablado acerca de varias personas importantes en la historia de algunos países. Ahora vas a elegir a una persona que te parezca importante. No tiene que ser una figura histórica: puede ser un escritor, un periodista, un artista, un político o un activista de la actualidad.

Escribirás un ensayo informativo sobre esa persona. Después de decidir sobre quién será la biografía, haz un plan acerca de en qué orden vas a presentar la información. Incluye detalles biográficos importantes, así como una reflexión sobre por qué es importante la persona, incluyendo ejemplos concretos de sus acciones y las repercusiones. Recuerda finalizar con una conclusión personal.

La persona que elijas puede ser positiva o negativa en tu opinión, pero procura dar información sobre otra perspectiva acerca de la persona. Si en tu opinión esta figura es negativa, ¿es positiva para alguien? ¿Para quién y por qué?

Usa al menos tres fuentes diferentes para conseguir la información, y lístalas al final de tu ensayo.

Pancho Villa: Una figura histórica controversial.
(Dominio público).

CÉSAR AUGUSTO SANDINO Y ANASTASIO SOMOZA

Sandino y Somoza son dos nombres ligados a la historia de Nicaragua, un país del tamaño del estado de Nueva York y de una población aproximada de seis millones de habitantes.

Aunque Nicaragua consiguió su independencia de España junto con la mayoría de los otros países centroamericanos, en 1938 decidió separarse de la Federación de Provincias Unidas de Centroamérica en la que se habían asociado estos países. Esto trajo como consecuencia que varios países extranjeros intervinieran en Nicaragua, afectando negativamente el desarrollo político y económico del país. Fue en estas circunstancias que vivieron Augusto Sandino y Anastasio Somoza.

César Augusto Sandino (1895-1934) tuvo una niñez difícil. Fue hijo ilegítimo del dueño de una plantación de café llamado Gregorio Sandino, y de Margarita Calderón, una de las sirvientas de la plantación. César Augusto tenía solamente nueve años cuando su madre lo envió a vivir con su abuela materna. Tiempo después regresó a vivir a la plantación de su padre, donde tenía que trabajar para pagar los gastos de su hospedaje.

Sandino tenía 17 años cuando presenció una intervención del ejército estadounidense en territorio nicaragüense, atestiguando las violentas consecuencias. Este episodio fue importante en su vida, y eventualmente dedicó su vida a luchar contra el imperialismo y a favor del nacionalismo, protegiendo la independencia de su patria. En 1933 Sandino logró su propósito de expulsar de su país a la marina estadounidense.

Anastasio Somoza García (1896-1954) fue el primero de una dinastía de Somozas que gobernaron Nicaragua durante más de cuarenta años. Nació en el seno de una familia acomodada, hijo de un hacendado. Durante la intervención de EE. UU. en Nicaragua, Somoza se ganó la confianza de los dirigentes estadounidenses, lo que le valió rápidos ascensos dentro de la Guardia Nacional, de la que eventualmente se convirtió en director. De allí continuó ampliando su poder. En 1933 ordenó el asesinato

Anastasio Somoza y Augusto Sandino antes de la traición. Archivo. Dominio Público. Copyright expired (D.R. copyright is life plus 50 years). Trujillo-Somoza 1952.

de Sandino, y posteriormente de muchos de sus seguidores. A continuación, Somoza dio un golpe de estado contra el gobierno de Juan Bautista Sacasa. Se convirtió así en el gobernante de Nicaragua por casi veinte años. En 1956 sufrió un atentado (a manos del poeta y músico Rigoberto López Pérez) que terminó llevándolo a su muerte. Fue sucedido en el poder por su hijo, Luis Somoza Debayle.

Quiso el destino que el tercer gobernante Somoza fuera expulsado del poder muchos años después, en 1979, por un grupo que tomó el nombre de Sandino. Esta fue la llamada Revolución Sandinista.

COMPRENSIÓN

1. ¿Cómo fue diferente la niñez de Sandino a la de Somoza?

2. ¿Cuál era el objetivo de Sandino? ¿Lo consiguió?

3. ¿Cuál era el objetivo de Somoza? ¿Lo consiguió?

4. Según el texto, ¿cómo volvieron a encontrarse Somoza y Sandino en la historia de Nicaragua, tras la muerte de ambos?

CONVERSACIÓN

1. ¿Qué efecto crees que haya tenido sobre Nicaragua la dinastía de los Somoza?

2. ¿Crees que una dictadura pueda llegar a tener aspectos positivos para un país? Explica.

PARA INVESTIGAR

a) **Chile** Dentro de la historia de Chile hubo dos figuras antagónicas: Salvador Allende y Augusto Pinochet. Investiga cuál fue su historia y trata de establecer semejanzas y diferencias con la historia de Sandino y de Somoza.

b) **El tercer Somoza** El nieto de Anastasio Somoza García se exilió en Estados Unidos en 1979. Investiga lo que ocurrió en Nicaragua después, y lo que ocurrió con Somoza a partir de su exilio.

LA HISTORIA DEL DERECHO A VOTAR DE LAS MUJERES

El primer país en reconocer el derecho de todas las mujeres a votar fue Nueva Zelanda, en 1893. Australia siguió (1902). En 1917 Uruguay fue el primer país hispano en otorgarlo. Las siguientes son otras fechas en las que los países que de la lista otorgaron el voto a las mujeres:

Ecuador 1929
España 1931
Chile 1934
Cuba 1934
Puerto Rico 1935
Bolivia 1938
Panamá 1941
México 1953
Estados Unidos 1967 (*mujeres negras. Las mujeres blancas empezaron a votar en 1920*).

En 1948 la Organización de las Naciones Unidas incluyó como derecho humano el derecho de todas las personas a participar en el gobierno de su país, y al sufragio universal. A pesar de esto, pasaron muchos años para que las mujeres de todo el mundo tuvieran este derecho. Hoy en día el voto sigue condicionado para las mujeres de unos pocos países, pero las mujeres del Vaticano son las únicas que no han conseguido el derecho a votar.

Reino de la Nueva España. Dominio público.

NACIONES INDEPENDIENTES

Muchos se sorprenden al saber que los Estados Unidos es un país más viejo que todos los países hispanoamericanos. Quizás la confusión ocurra porque es fácil pensar en la rica historia de estas regiones antes de que nacieran como estados independientes.

A continuación puedes ver el año en el que se hicieron independientes los países hispanoamericanos. Algunos países consiguieron la independencia después de luchar pocos años pero, para otros, la lucha duró más de 40 años. Muchas de las guerras de Independencia de España comenzaron entre 1809 y 1810.

Argentina	9 de julio de 1816
Bolivia	6 de agosto de 1825
Chile	12 de febrero de 1818
Colombia	7 de agosto de 1819
Costa Rica	1ero de julio de 1823
Ecuador	24 de mayo de 1822
El Salvador	15 de septiembre de 1821
Guatemala	1ero de julio de 1823
Honduras	1ero de julio de 1823
México	27 de septiembre de 1821
Nicaragua	1ero de julio de 1823
Panamá	28 de noviembre de 1821
Paraguay	3 de octubre de 1813
Perú	9 de diciembre de 1824
Uruguay	28 de agosto de 1828
Venezuela	5 de julio de 1811

Mujeres guatemaltecas después de votar.
Foto de dominio público (**CC**). Autora: Maureen Taft-Morales.

Los siguientes memes circulan en las redes sociales.

1. ¿Estás de acuerdo con ellos? Explica por qué.

2. ¿Alguno te parece gracioso?

3. Diseña un meme para difundir algo que hayas aprendido en este capítulo.

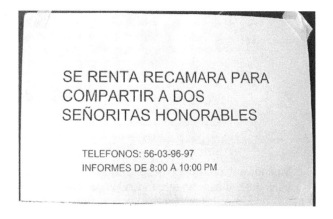

Foto cortesía de Gerardo Kloss.

✗	✓
cercas de	cerca de
condujieron	condujeron
haiga	haya
hubieron	hubo
nadien	nadie
veniste	viniste

Conjugación del verbo "Facebook":

Yo publico
Tú comentas
A él/ella le gusta
Nosotros publicamos
Ustedes se ríen
Ellos comparten
... y nadie trabaja.

Fuente: Amantes de la ortografía

UNIDAD 5

Mitos y leyendas

CONTENIDO Y OBJETIVOS

Objetivos

- o Aprenderás varias leyendas del mundo hispano.

- o Te familiarizarás con algunos de los escritores hispanos más importantes.

- o Practicarás la narración del pasado, usando el pretérito y el imperfecto.

- o Seguirás perfeccionando las reglas de acentuación

Antes de leer

¿Qué cuentos o leyendas te contaban tus familiares cuando eras pequeño? ¿Tenías una preferido?

Leyendas de México

La Llorona

Aunque hay muchas versiones de la Llorona, todas coinciden en que es la historia de amor de una mujer indígena que vivió durante la época colonial. Ella era muy joven y hermosa, y estaba enamorada de un hombre español, quien la correspondió lo suficiente para que de su relación nacieran tres hijos, a pesar de que no estaban casados. Se dice que la mujer quería mucho a sus hijos y los atendía devotamente. Ella esperaba que su amado le pidiera matrimonio. Sin embargo, un día el padre de sus hijos no regresó a verla. Pasaron los días, hasta que la mujer se enteró por otros de que el hombre se había casado con una mujer española, y se había marchado. Cuenta la leyenda que cuando ella se enteró de la traición, el dolor la enloqueció. La mujer, cegada por el dolor, se dirigió al Lago de Texcoco y ahí ahogó a sus tres hijos. Después de tan horrible acto, recobró la razón por un momento. Al darse cuenta de lo que había hecho, decidió terminar su propia vida.

British Library. Imagen de dominio público.

Desde entonces, la gente del lugar dice que se escucha el lamento de una mujer joven que llama a sus hijos en una voz impregnada de dolor: "Ay, mis hijos". Dicen los testigos que se trata de una mujer vestida de blanco que deambula sin rumbo hasta esfumarse de nuevo en el lago.

Comprensión

Completa las ideas con el **verbo más lógico** y después decide si la oración es cierta o falsa.

1. La Llorona (era / fue) una mujer muy guapa.

2. Ella (estaba / estuvo) enamorada de un hombre indígena.

3. La Llorona y el hombre (tenían / tuvieron) tres hijos.

4. El hombre y la Llorona nunca (se casaban / se casaron).

6. La Llorona (decidía / decidió) ahogar a sus hijos en el lago.

7. El fantasma de la Llorona (buscó / buscaba) al hombre para vengarse de él.

VOCABULARIO BÁSICO

aconsejar	deambular	hechicero	poderes
advertir	enloquecer	hechizo	sorprender(se)
ahogar(se)	enseñanza	historia	superstición
aparecer(se)	esfumarse	leyenda	transformarse
aparición	espantar	mentir	tribu (s, f)
asustar(se)	extraterrestre	misterioso	vampiro
creencia	fábula	mito	
contar	fantasma (s, m)	monstruo	
cuento	hacerse	moraleja	

s = sustantivo   m = masculino   f= femenino

Actividades y conversación

a) **Vocabulario** Completa la tabla y después decide qué palabra completa mejor cada una de las ideas de abajo. ¡Atención! la palabra puede ser sustantivo, adjetivo o verbo. Si es verbo debes conjugarlo.

Verbo	Sustantivo	Adjetivo/participio
asustar		
	enseñanza	
		mentido
	poderes	
N/A		misterioso

1. Nadie sabe con certeza si de verdad existe el Chupacabras; se trata de un _____ moderno.

2. El otro día yo estaba sola en la casa y escuché ruidos en la cocina... ¡(Yo) _____!

3. En las historietas modernas hay superhéroes que supuestamente son muy _____.

4. Debemos _____ a nuestros hijos las leyendas de nuestros antepasados.

5. Las fábulas se distinguen por tener una _____ al final, es decir, una moraleja.

6. A veces la historia parece un cuento de hadas porque hay muchas _____ y datos tergiversados.

7. ¡Qué _____ me di el otro día cuando no encontraba mi billetera!

b) **Conversación** Conversa con un(a) compañero(a) sobre las siguientes preguntas.

1. ¿Cuál era tu cuento favorito cuando eras niño? ¿Por qué?

2. Compartan una leyenda que conozcan.

3. Mencionen algunas supersticiones. ¿Creen que mucha gente cree en ellas? ¿Por qué?

4. ¿Ustedes se consideran supersticiosos? ¿Por qué?

5. ¿Les gustan las historias de fantasmas? ¿Por qué?

6. ¿Cuál piensan que es la diferencia entre una fábula, una leyenda, una leyenda urbana y un mito? Den una definición para cada una.

7. En su opinión y de acuerdo con sus definiciones, ¿es el Chupacabras es un cuento, un mito, una leyenda, una leyenda urbana o una superstición?

c) **Leyendas** Túrnate con un compañero para contarse una leyenda o un mito que hayan escuchado. Abajo hay una lista de ejemplos de los que pueden hablar (o investigar).

Leyenda del Popocatépetl   Leyenda de Quetzalcóatl

Leyenda del Callejón del Beso   La isla de las muñecas (en Xochimilco)

La muchacha de la curva   La sucia

d) **La diferencia** Trabaja con un compañero y expliquen la diferencia entre cada par de palabras.

    1. cuento – historia

    2. aparición – fantasma

    3. fábula – moraleja

    4. creencia - superstición

e) **Nace un mito urbano** Trabaja con un compañero para inventar un mito urbano y después compártanlo con la clase. Incluyan muchos detalles en su historia.

El pretérito y el imperfecto

A observar

En la leyenda de la Llorona puedes observar que se narra una historia utilizando tres tiempos verbales diferentes. Regresa al texto y encuentra ejemplos adicionales de los tres tiempos diferentes.

Pretérito → la llorona **vivió**... _____

Imperfecto → la llorona **esperaba**... _____

Pluscuamperfecto → El hombre **se había casado**... _____

a) Recordemos En la *Unidad 4* aprendiste que el pretérito se usa en español para hablar de acciones que percibimos como concluidas. Ponte a prueba para ver si recuerdas las conjugaciones completando la siguiente tabla:

El pretérito

	buscar	creer	vivir
Yo			
Tú			
Él/ella/usted			
Nosotros			
Ustedes/ellos			

El Imperfecto

	buscar	creer	vivir
Yo			
Tú			
Él/ella/usted			
Nosotros			
Ustedes/ellos			

b) Analiza ¿Cuál es la diferencia entre el pretérito y el imperfecto? ¿Por qué se necesitan los dos tiempos?

c) Encuentra las reglas Observa la leyenda de la Llorona una vez más y escribe tus teorías sobre cuándo se usa el pretérito y cuando debes usar el imperfecto

Pretérito	Imperfecto

EL PRETÉRITO (*repaso*)
Verbos regulares

-AR (CANTAR)		-ER (BEBER)		-IR (VIVIR)	
yo	cant**é**	yo	beb**í**	yo	viv**í**
tú	cant**aste**	tú	beb**iste**	tú	viv**iste**
él/ella/Ud.	cant**ó**	él/ella/Ud.	beb**ió**	él/ella/Ud.	viv**ió**
nosotros	cant**amos**	nosotros	beb**imos**	nosotros	viv**imos**
ustedes	cant**aron**	ustedes	beb**ieron**	ustedes	viv**ieron**
ellos	cant**aron**	ellos	beb**ieron**	ellos	viv**ieron**

Verbos con cambio en el radical

Los verbos **-ar** y **-er** con cambio en el radical en el presente **NO** cambian en el pretérito:

	Presente	Pretérito
costar	cuesta	costó
pensar	pienso	pensé
entender	entiendo	entendí

Los verbos **-ir** con cambio en el radical cambian solamente en la tercera persona:

preferir	yo preferí	ella prefirió
dormir	yo dormí	ellos durmieron

Verbos irregulares

"U"	
andar	*anduve*
estar	*estuve*
haber	*hube*
poder	*pude*
poner	*puse*
saber	*supe*
tener	*tuve*

"I"	
hacer	*hice*
querer	*quise*
venir	*vine*
ver	*vi*

"J"	
conducir	*conduje*
decir	*dije*
traducir	*traduje*
traer	*traje*

"Y"	
caer	*caí.... cayó*
construir	*construí... construyó*
creer	*creí... creyó*
incluir	*incluí... incluyó*
leer	*leí... leyó*
oír	*oí... oyó*

Verbos con cambios ortográficos

buscar	*busqué... buscaste... buscó*
llegar	*llegué.... llegaste... llegó*
empezar	*empecé... empezaste... empezó*

El Imperfecto

LA FORMA

Los verbos –ar

Yo	cant**aba**
Tú	cant**abas**
Él/ella/usted	cant**aba**
Nosotros	cant**ábamos**
Ustedes	cant**aban**
Ellos	cant**aban**

Los verbos –er y –ir

Yo	com**ía**
Tú	com**ías**
Él/ella/ud.	com**ía**
Nosotros	com**íamos**
Ustedes	com**ían**
Ellos	com**ían**

Verbos irregulares en el imperfecto

IR → iba, ibas, iba, íbamos, iban

SER → era, eras, era, éramos, eran

VER → veía, veías, veía, veíamos, veían

EL USO

1. El imperfecto se usa para:
   - o   hablar de acciones habituales en el pasado.
   - o   acciones en el pasado sin énfasis en un momento específico
   - o   hacer descripciones en el pasado.
   - o   describir acciones en progreso en el pasado.

2. Cuando la acción ocurrió en un momento específico o bien delimitado, se usa el pretérito.

→ *Cuando era niño, **tenía** muchos amigos. (No hay un inicio/fin específico)*

→ *Durante mi niñez **tuve** muchos amigos. (Se habla de la niñez como un tiempo que terminó).*

3. Cuando narramos oralmente una acción en progreso, es común usar el verbo **estar** + **gerundio** en vez del imperfecto. Por ejemplo:

*Ayer **estaba lloviendo** cuando salí de mi casa. = Ayer llovía cuando salí de mi casa.*

*Sara **estaba comiendo** cuando llegué. = Sara **comía** cuando llegué.*

Sin embargo, observa que no puedes usar el gerundio en todos los casos en los que se usa el imperfecto. Por ejemplo, si estás describiendo la vestimenta de una persona.

De niño, Javier siempre **llevaba** pantalones cortos.

A practicar

a) ¿Pretérito o imperfecto? Primero decide si debes usar el pretérito o el imperfecto para completar cada pregunta. Después conversa con un(a) compañero(a) usando las preguntas.

Tu niñez

1. ¿Cómo _____ de niño? [ser]

2. ¿Te _____ la escuela? ¿Por qué? [gustar]

3. ¿A qué _____ y con quién? [jugar]

4. ¿Cómo _____ con tus hermanos? [llevarse]

5. ¿_____ en monstruos y vampiros? [creer]

6. ¿De qué _____ miedo? [tener]

7. ¿Cómo _____ a tu mejor amigo? [conocer]

8. ¿Alguna vez _____ mucho? ¿Por qué? [asustarse]

9. ¿ _____ muchas películas de fantasmas? [ver]

Más leyendas de México

a) El callejón del beso El callejón del beso es una calle muy famosa en la Ciudad de Guanajuato, en México. Aprende sobre esta leyenda completándola con el tiempo más lógico.

Doña Carmen (**fue / era**) la hija de una familia rica. Ella (**fue / era**) la única hija de la familia. Un día Carmen (**conoció / conocía**) a un joven en la iglesia, durante la misa. Los dos jóvenes (**se gustaron / se gustaban**) inmediatamente. Ellos (**pudieron / podían**) verse durante misa solamente, pero (**se enamoraron / se enamoraban**). Entonces el joven, Carlos, le (**pidió / pedía**) permiso al padre de Carmen para cortejarla. El padre de Carmen (**no quiso / no quería**) dar permiso. Carmen y Carlos (**estuvieron / estaban**) desesperados. Frente a la casa de Carmen (**hubo / había**) una casa con un balcón muy cercano al balcón de la casa de Carmen. Carlos (**convenció / convencía**) a su padre de comprar la casa, y por las noches él y Carmen (**se vieron / se veían**) en los balcones. Una noche, el padre de Carmen los (**vio / veía**) besarse y (**se enojó / se enojaba**) tanto que tomó un puñal y (**mató / mataba**) a su hija. Hoy en día es tradición que todas las parejas que llegan al callejón se den un beso para preservar su amor.

Pareja besándose en el callejón del beso.

b) Tu propia leyenda/cuento Trabajen en grupos para narrar una historia a la clase. Puede ser una historia que ustedes conozcan, o pueden transformar un cuento para niños.

c) Reporte para la policía Trabaja con un compañero. Imaginen que uno de ustedes fue testigo de un robo y ahora un oficial de policía (el otro estudiante) necesita una declaración de los eventos. Inventen todos los detalles. El oficial de policía tiene que llenar un reporte con la siguiente información.

- o   Nombre
- o   Edad
- o   Dirección

- o   Teléfono
- o   Incidente (¿Qué fue lo que ocurrió?)
- o   Descripción de los sospechosos

Cognados falsos

Como aprendiste en el capítulo anterior, no todas las palabras que se parecen en inglés y en español significan lo mismo. Aquí hay una lista de palabras que son semejantes, pero tienen significados diferentes. Trabaja con un compañero para explicar en español cuál es la diferencia en los significados. Después den un ejemplo usando la traducción correcta para cada palabra de la lista en inglés.

Modelo *embarrasing* / embarazada. → *Embarrasing* significa que una persona siente vergüenza por algo que le ocurrió. En español es el adjetivo "avergonzado(a)". En cambio, "embarazada" significa que una persona va a tener un hijo. Ejemplo: *Mi tía está embarazada y va a dar a luz en septiembre./ Yo me sentí avergonzado cuando no pude recordar el nombre de mi vecino.*

Inglés	Cognado falso	Traducción correcta al español
1. *application, form*	aplicación	_____
2. *argument*	argumento	_____
3. *to support*	soportar	_____
4. *gang*	ganga	_____
5. *grades*	grado	_____
6. *to demand*	demandar	_____

b) El *Espanglish* y los cognados falsos La siguiente es una lista de palabras que se usan comúnmente en el español de los Estados Unidos, pero que no aparecen en los diccionarios de español, y que una persona de otro país o que no hable inglés probablemente no entendería. Para cada palabra, encuentra otra opción que le clarifique el significado a una persona de un país hispano.

1. flonquear
2. guachar
3. la carpeta
4. la yarda (de una casa)
5. el lonche

6. un bloque
7. un raite
8. parquear
9. puchar
10. una troca

¿Ya lo sabías?

Explica la diferencia en el significado de las siguientes oraciones.

a) Trabajo por vivir.

b) Trabajo para vivir.

Ponte a prueba

a) ¿Por o para? Decide si necesitas completar con **por** o **para**, o si no necesitas nada.

Cuando era pequeño mi madre nos contaba cuentos (1)_____ dormirnos. Yo siempre le pedía (2)_____ un cuento de brujas porque me encantaban. Mis hermanos tenían miedo y (3)_____ eso mi madre nos contaba dos cuentos: uno (4)_____ mí y uno (5)_____ mis hermanos. El segundo cuento siempre era sobre hadas o príncipes. (6)_____ un tiempo me aburrí de las historias. Recuerdo que busqué (7)_____ varios libros en la biblioteca de mi escuela, y (8)_____ la noche trataba de no prestar atención a las historias de mi madre. Después empecé a escribir mis propios cuentos (9)_____ contárselos a mis hermanos. Así comenzó mi carrera como escritor. A los doce años vendí mi primera historia (10)_____ diez dólares. Ahora trabajo (11)_____ una compañía internacional y escribo guiones (12)_____ películas infantiles.

b) Analiza Observa tus respuestas a la actividad anterior. Estas dos preposiciones les causan dolor de cabeza a aquellos que estudian el español como segunda lengua. Es probable que tú hayas internalizado la lengua y las respuestas simplemente "te suenen bien", pero ahora vas a practicar tu capacidad de análisis. Básate en las respuestas de la actividad anterior para explicar tres reglas de cuándo usar **por** y tres de cuándo usar **para.**

POR	PARA

c) Cuentos infantiles Completa con **por**, **para** o deja en blanco si no se necesita nada. **¡Atención!** Recuerda que, a diferencia del inglés, algunos de estos verbos **no requieren** de ninguna preposición.

1. La Cenicienta buscaba _____ un príncipe _____ casarse.

2. La madrastra de Blanca Nieves decidió envenenarla _____ ser la mujer más bella.

3. _____ mala suerte, Pulgarcito despertó al ogro.

4. Hansel y Gretel caminaron _____ el bosque y se perdieron.

d) Traducciones Ahora traduce al español las siguientes oraciones.

1. *I asked for a receipt.*

2. *She was driving at 75 miles per hour when she was stopped by the police.*

3. *For being so young, he has a lot going for him.*

POR Y PARA

Si piensas que tienes problemas decidiendo entre estas preposiciones, aquí hay algunas reglas para ayudarte, o para que puedas ayudar a alguien que está aprendiendo el español.

1. Usa **por** para indicar:

   a. Causa, razón o motivo

      Por la lluvia, no vamos a la piscina hoy.

      Mis padres hicieron muchos sacrificios **por** sus hijos.

   b. duración, período

      Va a quedarse en el hospital **por** dos semanas.

   c. Intercambio, compra

      Compramos los libros **por** 200 dólares.   Gracias **por** el regalo de cumpleaños.

   d. Movimiento a través de un espacio (*through, around, along, by*)

      Ayer caminé **por** el parque.

   e. Expresiones que siempre necesitan **por**:

      por ejemplo   **por** supuesto   **por** eso

      por fin   **por** favor   **por** otro lado

> **NOTA:** En el español hablado muchas personas dicen "pa" de manera coloquial, en vez de decir **para**. ¡No lo uses para escribir!

2. **Para** se usa para indicar:

   a. Un objetivo, meta o propósito

      Vamos al cine **para** ver una película.   El gimnasio es **para** hacer ejercicio.

   b. Destinatario

      Ella compró un libro **para** su madre.

   ¡Atención! Si hay un destinatario, los pronombres *yo* y *tú* cambian a *mí* y *ti*. Observa que no hay acento en <u>*ti*</u>.

      El regalo es para **ti**.   A **mí** me gusta pescar. (énfasis)

   c. Destino

      Salimos **para** México mañana.

   d. Fecha límite

      La tarea es **para** mañana.

   e. Para contrastar con lo que se espera de algo

      Para película de horror, no hay muchos sustos.

   f. Expresiones con **para**:

      para siempre   **para** variar   **para** colmo   **para** nada

Antes de leer

Trabaja con un compañero para responder las preguntas.

1. ¿Les gusta leer? ¿Qué tipo de libros prefieren? ¿Tienen autores favoritos? ¿Quiénes?

2. ¿Por qué creen que el estudio de la literatura sea obligatorio en las universidades?

Del Modernismo al Boom

Aunque las culturas de los países hispanoamericanos tienen una historia en común, también tienen muchas diferencias. Antes de que llegaran los europeos, había ya culturas diferentes que influenciaron todo lo que pasó después. Además, diferentes grupos de inmigrantes llegaron a cada región, trayendo nuevas influencias, o trajeron a diferentes grupos de esclavos africanos, procedentes de diferentes lugares y con culturas diversas. Todos estos hechos, sumados a la diversidad geográfica y climática de Latinoamérica, contribuyeron a crear países con culturas muy diferentes, aun a pesar de tener un idioma en común.

A lo largo de la historia ha habido varios momentos en que los escritores hispanoamericanos se han dado cuenta de que a pesar de las diferencias hay mucho une a nuestras naciones, y han querido establecer una gran comunidad hispana. El primer gran movimiento de este tipo ocurrió bajo el liderazgo del escritor nicaragüense Rubén Darío (1867-1916). El movimiento se conoció como el Modernismo, y fue la primera corriente literaria que nació oficialmente en América. Dentro del Modernismo se inscribieron notables escritores de muchos países del continente, entre los que sobresalen los cubanos José Martí (1853-1895) y Julián del Casal (1863-1893); los mexicanos Manuel Gutiérrez Nájera (1859-1895) y Amado Nervo (1870-1919); el colombiano José Asunción Silva (1865-1896); el argentino Leopoldo Lugones (1874-1938) y la uruguaya Delmira Agustini (1886-1914).

Durante la época en la que escribieron estos grandes poetas, surgieron grandes amistades entre ellos, revistas en los que colaboraban escritores de muchos países hispanos, y hasta el sueño de una Latinoamérica unida.

Algún tiempo después surgió otro fenómeno que uniría a los escritores hispanoamericanos. Esta vez se trató del *Boom*, el cual no fue un movimiento literario, ya que había una gran variedad de estilos. El *Boom* fue un auge en la literatura latinoamericana que le permitió ser leída y reconocida en todo el mundo, pasando a ocupar un espacio central en la literatura universal. Tal auge de la literatura comenzó, irónicamente, en España, en donde la editorial Seix Barral se interesó en publicar la obra de varios autores hispanoamericanos que se habían exiliado a Europa. Las publicaciones tuvieron tanto éxito, que se sumaron más y más autores a este fenómeno.

Aunque el Boom no fue un movimiento, hay algunas características que muchos de sus autores tienen en común, como la experimentación, el trato no linear del tiempo, y el tratamiento de temas políticos y sociales. Dentro del *Boom*, se distingue una manera de narrar que se conoció como el Realismo Mágico, un tratamiento que retrata muy de cerca el surrealismo de la vida en Latinoamérica, borrando las fronteras entre lo real y lo imaginario. El gran exponente del realismo mágico fue el colombiano Gabriel García Márquez (1927-2014), ganador del Premio Nobel de Literatura. Sin embargo, la lista de autores que crearon con elementos del realismo mágico es muy larga.

La obra literaria hispanoamericana se ve con orgullo en todos estos países. Algunos de sus escritores son héroes nacionales. A otros los vemos en los billetes que circulan. La poesía de muchos es recitada por los niños en las escuelas, y muchas de sus obras inspiran hoy en día a músicos y cineastas.

Comprensión

1. ¿Cómo era la literatura latinoamericana durante la época colonial?

2. ¿Cómo se diferenciaba esta literatura de la que llegaba de Europa?

3. ¿Cuál fue la primera corriente literaria que nació en Hispanoamérica?

4. ¿Cuándo y por qué se hicieron famosos los escritores del *Boom*?

5. ¿Qué es el "realismo mágico"? ¿Por qué es importante? ¿Quiénes son algunos autores de este estilo?

Para explorar

Lee un cuento o un poema de uno de los autores mencionado y analízalo: ¿Cuál es el tema? ¿Cuál el tono? ¿Quién es la voz poética? ¿Te gustó el poema? Recuerda referirte al texto para justificar tus respuestas.

Fuente: Pixnio. Dominio público (CC).

Breve lista de autores famosos
de España e Hispanoamérica

Elige un autor de la lista en la siguiente página y prepárate para hacer una presentación para la clase. En tu reporte incluye lo siguiente:

o   Breve biografía del autor

o   Sinopsis de un cuento o una poesía

o   Análisis del cuento/poesía y elementos literarios que lo distinguen

o   Tu opinión

Don Quijote, ilustración de Gustave Doré [Dominio Público].

Argentina
Adolfo Bioy Casares
Alfonsina Storni
Ernesto Sábato
Jorge Luis Borges
Julio Cortázar

Colombia
Gabriel García Márquez
José Asunción Silva
Jorge Isaacs

Chile
Gabriela Mistral
Isabel Allende
José Donoso
Pablo Neruda

Cuba
Alejo Carpentier
José Martí

España
Ana María Matute
Antonio Machado
Benito Pérez Galdós
Camilo José Cela
Emilia Pardo Bazán
Federico García Lorca
Miguel de Cervantes Saavedra
Rosa Montero

Guatemala
Miguel Ángel Asturias
Augusto Monterroso

México
Ángeles Mastretta
Carlos Fuentes
Elena Poniatowska
Juan José Arreola
Juan Rulfo
Laura Esquivel
Octavio Paz
Rodolfo Usigli
Rosario Castellanos

Nicaragua
Claribel Alegría
Gioconda Belli
Rubén Darío

Perú
César Vallejo
Mario Vargas Llosa

Puerto Rico
Julia de Burgos
Esmeralda Santiago
Rosario Ferré

Uruguay
Delmira Agustini
Eduardo Galeano
Horacio Quiroga
Mario Benedetti

Venezuela
Andrés Eloy Blanco
Rómulo Gallegos

¿Ase falta una nueba ortografía?

TEDxRiodelaPlata, *TedTalks en español*

Antes de ver

Habla con un compañero y respondan las siguientes preguntas.

1. ¿Consideran que ustedes tienen buena ortografía?

2. ¿Es importante para ustedes tener buena ortografía? ¿Por qué sí o no?

3. ¿Para qué sirve la ortografía?

4. ¿Creen que en la educación se pone demasiado énfasis en la ortografía? ¿Por qué?

5. ¿Les gustaría que se simplificara la ortografía? ¿Cómo y por qué?

Al ver

Vas a escuchar la opinión de Karina Galperín acerca de la ortografía. Mientras ves el video, toma notas para organizar la siguiente información.

1. ¿Cuál es el mensaje principal de la oradora?

2. ¿Quién fue Antonio de Nebrija y que principio de la lengua estableció?

3. ¿En qué consiste el principio etimológico?

4. Según la oradora, ¿para qué sirve la ortografía hoy en día?

5. ¿Cuáles son dos modificaciones que ella propone?

6. ¿Cuáles son tres argumentos **a favor** de hacer lo que ella propone?

    a) _____

    b) _____

    c) _____

7. ¿Cuáles son tres argumentos **en contra** (las objeciones) que ella anticipa?

    a) _____

    b) _____

    c) _____

8. ¿Cuál es tu opinión sobre la propuesta de la ponente?

Sino, sino que, pero

¿Ya lo sabes?

¿Cuál de las siguientes opciones te parece la más adecuada?

a)   No tengo ganas de leer, pero de hacer ejercicio.

b)   No tengo ganas de leer, sino de hacer ejercicio.

c)   No tengo ganas de leer, si no que de hacer ejercicio.

a) **Análisis** Trabaja con un compañero. ¿Cuáles creen que sean las reglas sobre cuando usar _**sino**_, _**sino que**_ y _**pero**_?

1.

2.

3.

Ponlo a prueba

b) **¿Cuál se necesita?** Decide cómo completar las siguientes oraciones. Las opciones son **sino**, **sino que** y **pero**.

1. Los monstruos no existen, _____ los niños tienen miedo de todas maneras.

2. Los monstruos no existen, _____ son producto de nuestra imaginación.

3. Yo no creo que Harry Potter sea un gran libro, _____ me gusta.

4. La leyenda de Quetzalcóatl no la cuentan solo los mayas, _____ también los aztecas.

5. No leía mucho de niño, _____ ahora me encanta leer.

6. No leía mucho de niño, _____ pasaba mucho tiempo jugando con mis amigos.

7. La presentación del libro no es hoy, _____ mañana.

8. La presentación del libro no fue un éxito, _____ asistieron algunas personas importantes.

9. No escribo para ganar dinero, _____ gano dinero porque escribo.

10. Los mitos y leyendas no son mentiras, _____ interpretaciones de la realidad.

Homónimos: Si no

Aunque suena igual, nota que estas dos palabras por separado tienen otro significado: _en caso de que no_.

Si no puedo ir, te envío un mensaje.

c) **Pero, sino, sino que** Completa con la opción lógica.

1. No te pido que escribas un libro, _____ pienses en un buen argumento.

2. Trabajar puede ser bueno para la salud, _____ prefiero dormir.

3. Cuba era importante para España no solo políticamente, _____ económicamente.

4. No me sorprende que los niños no lean, _____ me preocupa.

5. Me encantan las leyendas de los guaraníes, _____ conozco muy pocas.

6. No creo que Isabel Allende escriba más libros, _____ espero que me sorprenda.

7. No es que no me gusten las películas de Disney, _____ él me cae mal porque robó historias de otros.

8. Nunca digo que no, _____ a veces me arrepiento.

9. No les cuento cuentos a mis niños, _____ leyendas de mis antepasados.

10. No dijo que no escribirá más, _____ va a tomar un año para investigar antes de seguir escribiendo.

d) **Tus compañeros de clase** ¿Qué tan bien conoces a tus compañeros de clases? Completa las ideas acerca de ellos. Si es necesario, habla con ellos para preguntarles y después repórtenle a la clase.

Modelo: a ___¿?_____ no le gusta(n), pero....

   A (nombre) no le gustan sus clases este trimestre, pero le gustaron mucho el trimestre pasado.

1. (*Nombre*) no asiste a clase de.... pero...

2. A (*nombre*) le encanta(n) las películas ... pero...

3. A (*nombre*) no le molesta(n) las personas... sino...

4. A (*nombre*) no le molesta(n), pero...

5. (*Nombre*) no piensa que.... sino que...

6. A (*nombre*) no le interesa(n)... pero

7. (*Nombre*) no ...... ni tampoco...

8. (*Nombre*) no ..., sino que...

UN CHISTE

- ¿Sabes cuál es la diferencia entre la ignorancia y la indiferencia?

- Ni lo sé ni me importa.

Reglas de acentuación (parte 2)

En la segunda unidad aprendiste las cuatro reglas principales de la acentuación de acuerdo con su clasificación (a partir de la sílaba tónica). Aquí está nuevamente la lista de las reglas:

1. Palabras agudas: Se acentúan si terminan en **n**, **s** o vocal. No se acentúan en el resto de los casos.

2. Palabras llanas o graves: Se acentúan si **no** terminan en **n**, **s** o vocal.

3. Palabras esdrújulas: Se acentúan en todos los casos.

4. Palabras sobreesdrújulas: Si el acento recae en la cuarta sílaba (empezando por el final) siempre se acentúa.

También aprendiste que un **diptongo** Un diptongo es la combinación de una vocal fuerte (**a**, **e**, **o**) y una débil (**i** y **u**) en cualquier orden, o de dos vocales débiles. Los diptongos no se separan al dividir en sílabas.

Vocal fuerte más débil:	*leucemia*	*auge*	*cauto*
Vocal débil más fuerte:	*fuente*	*fiera*	*guapo*

Reglas adicionales sobre los diptongos y triptongos
Hiato

Un hiato es una secuencia de dos vocales que pertenecen a sílabas diferentes, y por lo tanto no constituyen un diptongo. La secuencia de vocales puede ser de dos vocales fuertes (mu-se-o), de dos vocales iguales (le-er, zo-ó-lo-go), o de una vocal débil y una fuerte, en cuyo caso el acento escrito recae sobre la vocal débil:

    an-to-lo-gí-a   *ba-úl*   *paí-ses*

En las sílabas *gue*, *gui*, *que* y *qui* no hay diptongos porque la *u* no se pronuncia.

Triptongo

Un triptongo es una combinación de tres vocales en este orden: débil + fuerte + débil.
Los triptongos no se separan, sino que son parte de la misma sílaba.

DICTADO

Tu profesor)a) te leerá ocho palabras de su elección con diptongos o triptongos. Escríbelas y sepáralas en sílabas. Después decide si requieren de un acento escrito.

1. _____   2. _____   3. _____   4. _____

5. _____   6. _____   7. _____   8. _____

Pequeñas y grandes diferencias (entre el inglés y el español) al escribir.

El uso de los artículos es diferente en inglés y en español. A continuación encontrarás una lista con algunas de las principales diferencias. En general, el artículo definido (el, la, los, las) se usa más, pero los artículos indefinidos (un, una, unos, unas) se usan menos.

1. En inglés puedes empezar una oración con un sustantivo, en español el sustantivo necesita un artículo.

      Books are expensive.   **Los libros** son caros.

2. En español no se necesitan los artículos indefinidos al dar la profesión de una persona. Sin embargo, observa que si usas también un adjetivo para describir la profesión, entonces sí se necesita del artículo.

      *Joaquín is **a teacher**.*   Joaquín es **maestro**.

      *He is **a good teacher**.*   Es **un** buen maestro.

3. En español se requiere usar artículos definidos con los días de la semana, pero no uses la preposición "en", como se hace en inglés.

      *I go to school **on Mondays**.*   Voy a la escuela **los lunes**.

Observa en el ejemplo anterior que, como aprendiste en una unidad anterior, los días de la semana se escriben con minúsculas. Observa también que necesitas usar el artículo definido antes de escuela, porque es un sustantivo específico.

4. Para decir la hora siempre se requiere el artículo definido femenino, en cualquier contexto.

      *It's **one** o'clock.*   Es **la una**.

      *See you **at 3:00** pm.*   Te veo **a las 3:00** pm.

5. El artículo definido se requiere con los títulos de cualquier tipo. La única excepción es cuando uno se está dirigiendo a la persona.

      Ms. Ramírez talked with me.   **La** señora Ramírez habló conmigo.

      Dr. Flores is a good man.   **El** doctor Flores es un buen hombre.

      Miss Gómez, come in.   **Señorita** Gómez, pase.

6. El artículo definido es necesario cuando se habla de las partes del cuerpo. No uses adjetivos posesivos, pues son redundantes. En general, esta regla es también cierta para la ropa.

incorrecto	correcto
Me duele mi estómago.	Me duele el estómago.
Se lavó sus manos.	Se lavó las manos.
Se puso su camisa.	Se puso la camisa.
Me miró a mis ojos.	Me miró a los ojos.

7. Algunos sustantivos femeninos que empiezan con las letras **_a_** o **_ha_** requieren del artículo masculino. Esto es por razones fonéticas y solamente para los sustantivos singulares. Observa que cualquier adjetivo que modifique al sustantivo tiene que mantener la concordancia femenina.

singular	plural	ejemplo de concordancia
el agua	las aguas	Debemos mantener **limpia** el agua de los ríos.
el águila	las águilas	El águila **calva** es un símbolo de los EE. UU.
el azúcar	los azúcares	Prefiero el azúcar **refinado/refinada**.*
el arma	las armas	Un ejemplo de arma **blanca** es el cuchillo.
el haba	las habas	Las habas son nutritivas.

* el azúcar se usa en algunas regiones como sustantivo femenino, y en otras como sustantivo masculino. Por lo tanto, ambas formas son correctas.

A practicar

Traduce al español cada una de las siguientes oraciones. Presta atención al uso de los artículos.

1. *My birthday is on July 24ᵗʰ.* _____

2. *I brushed my teeth before leaving home.* _____

3. *On Monday, Mrs. Zavala arrived at 9:00 am.* _____

4. *Hunger is an issue in this country.* _____

5. *My father is a bus driver and my mother a homemaker.* _____

6. *Trips abroad can be expensive.* _____

7. *Sonia brushed her hair and put on her coat.* _____

8. *Mr. Smith, where is Dr. Krauss?* _____

¿Intérprete o traductor?

Hablar con fluidez dos idiomas puede traer muchas posibilidades de trabajo en traducción e interpretación, pero para hacerlo profesionalmente es necesario prepararse, a veces por muchos años. Dependiendo del campo de trabajo o del país en el que vivas, podría requerirse hasta una maestría.

Para empezar, la diferencia entre traducir e interpretar es cómo interactúan estos profesionales con el idioma: un traductor trabaja con la palabra escrita, mientras que un intérprete trabaja con el idioma hablado.

Al laborar con un idioma por escrito, un traductor tiene más tiempo para encontrar una traducción idónea. Es probable que no tenga contacto con el autor original, y también es probable que el texto resultante se publique de una u otra manera. Trabajos comunes para un traductor incluyen la traducción de artículos noticiosos, obras literarias, manuales, folletos educativos, subtítulos de películas o programas de televisión, o de páginas del Internet.

En cambio, un intérprete tiene como medio el idioma hablado. Sus traducciones -sus interpretaciones- son inmediatas. Los intérpretes son necesarios en instituciones como hospitales, oficinas de inmigración y de servicios gubernamentales. También se les emplea en grandes organizaciones internacionales. Es preferible que un intérprete traduzca a su idioma materno, del cual tiene que tener un conocimiento muy sólido, el cual se obtiene con una gran dedicación y con un contacto constante con ese idioma a lo largo de su carrera.

Los estudios que deben completarse dependen completamente del área de trabajo en la que uno quiera especializarse. Es posible encontrar trabajos como interpretes en las Cortes de Justicia con tan solo aprobar un examen. Sin embargo, mientras más preparación tenga una persona, más fácilmente encontrará oportunidades. En los Estados Unidos hay varias universidades que ofrecen una licenciatura en traducción (y hay varios idiomas en los que uno puede especializarse). Si te interesa hacer de esta tu especialidad, consulta la página de *American Translators Association* en el Internet. Esta organización también ofrece una certificación (para obtenerla, hay que aprobar su examen). También es posible combinar el área de traducción o interpretación con otro campo de estudio, como periodismo, educación, lingüística, etc.

A final de cuentas, un intérprete o un traductor necesita tener una fuerte cultura general y mucha curiosidad intelectual -estar siempre dispuestos a seguir aprendiendo-, ya que no pueden ser expertos en todos los campos, pero es probable que tengan que traducir o interpretar en muchas áreas.

Ponlo a prueba

Trabaja con un compañero. Cada una va a buscar en el Internet un video corto de un tema que de su interés. El video puede estar en inglés o en español. Túrnense para que cada uno interprete el video poco a poco (detengan la imagen para interpretar, y después continúen).

Un cuento o narración en el pasado

En esta ocasión vas a narrar una historia acerca del pasado. Puedes elegir entre los siguientes temas:

1) Inventa un cuento original
2) Narra lo que ocurrió en un libro o una película que conozcas bien o que hayas visto recientemente.
3) Cuenta una leyenda que te hayan contado tus familiares.

En todos los casos tu historia debe ser de al menos una página. Recuerda comenzar la historia de una forma que llame la atención, pero que también de un contexto general. Por ejemplo, ¿dónde ocurrió y cuándo? Describe a los personajes y sus circunstancias.

Una vez que hayas terminado de escribir, vuelve a leer la historia prestando atención a la ortografía. También asegúrate de darle al lector todos los elementos que necesita, no asumas que ya lo saben. A continuación presta atención al final de la historia: ¿es evidente que concluye? ¿Hay una moraleja o tienes una conclusión personal?

Por último, lee la historia lentamente en voz alta. Esta técnica te permitirá saber si tienes la puntuación necesaria. Observa cuándo necesitas hacer una pausa y si tienes puntos o comas en ese lugar. So tienes dificultad para continuar una oración, probablemente te hagan faltas signos de puntuación, o incluso dividir esa oración.

La mitología nos ofrece muchas historias interesantes.
Autor: Firkin. Imagen de dominio público (CC).
Fuente: openclipart

Pablo Neruda

El gran poeta chileno conocido por todos como Pablo Neruda nació en 1904 en la ciudad de Parral, Chile, y recibió el nombre de Ricardo Eliecer Neftalí Reyes Basoalto. Su padre era conductor de ferrocarril, en tanto que su madre era maestra. Sin embargo, su progenitora murió dos meses después de que naciera Ricardo Eliecer. Padre e hijo se mudan a Temuco, donde el padre se volvió a casar.

Neruda creció cerca de la naturaleza, y su amor por ella influenció su obra, en particular su pasión por el mar. Ya estando en el liceo, Neruda conoció a Gabriela Mistral, quien posteriormente ganaría el Premio Nobel de Literatura. Mistral ejerció una importante influencia sobre Neruda. El joven poeta se marchó a Santiago de Chile en 1921, con el fin de estudiar la carrera de Pedagogía. Es allí donde conoció a otros jóvenes escritores, y comenzó a leer y a escribir más. Así, en 1923 logró publicar su primer libro, Crepusculario, el que fue bien recibido por la crítica. Tan solo un año después publicó el texto que se convirtió, probablemente, en su obra más conocido: Veinte Poemas de amor y una canción desesperada.

Pablo Neruda leyendo uno de sus poemas, 1966. Biblioteca del Congreso, EE. UU., Derechos de autor no evaluados.

En 1927 Neruda comenzó su primer trabajo representando a Chile en el exterior: Fue nombrado Cónsul de Chile en una ciudad de Birmania. Después trabajó en Ceilán, Java y Singapur, regresando a su patria en 1932, aunque en 1933 se mudó a Buenos Aires para trabajar allí de Cónsul, y en 1934 a Barcelona. Durante todo este tiempo, Neruda siguió escribiendo y relacionándose con otros escritores muy importantes, como el argentino Jorge Luis Borges y el español Federico García Lorca. Neruda vivió en España entre 1934 y 1937, donde hizo grandes amistades entre los escritores de la llamada Generación del 27. Allí también conoció a su segunda esposa y tuvo una hija. Desafortunadamente, en 1936 estalló la Guerra Civil Española. Antes de irse de España, tras el asesinato de su amigo García Lorca, Neruda publicó de manera anónima el poema *Canto a las madres de los milicianos muertos*. A partir de entonces la poesía de Neruda dio un giro y se comprometió totalmente con causas como la defensa de los derechos humanos y de la libertad. Neruda jugó un papel fundamental apoyando a la República Española, y salvó las vidas de muchas personas ayudándolos a escapar de la persecución en España, y ayudándolos a inmigrar a Chile: En 1939 consiguió rescatar a casi dos mil refugiados, embarcándolos en el Winnipeg.

Entre 1940 y 1943, Neruda vivió en México, donde siguió publicando. En 1943 volvió a Chile, pero, a consecuencia de sus ideas políticas, tuvo que vivir escondido y eventualmente escapar de Chile y permanecer exiliado. Durante esta difícil época escribió uno de sus libros más importantes: Canto general. El poeta regresa a su país en 1952. Durante los siguientes años Neruda continuó escribiendo prolíficamente, y recibiendo numerosos premios y distinciones. En 1971 se le otorgó el Premio Nobel de Literatura. Un año después, Neruda era candidato a la presidencia de Chile, pero dejó su candidatura para apoyar a su amigo, Salvador Allende, quien resultó electo. Desafortunadamente, en 1973 llegó el golpe de estado que terminaría costándole la vida tanto al presidente Allende como a Neruda -algunos dicen que murió por un corazón roto, otros dicen que fue envenenado por el régimen golpista-.

La casa de Pablo Neruda en Valparaíso, desde donde podía admirar el océano.

La obra de Neruda incluye 45 libros, y varias recopilaciones y antologías. Su obra ha sido traducida a 235 idiomas, y hay dos películas basadas en su vida. La obra de este gran poeta ha influenciado e inspirado a varias generaciones.

Fuente: *Fundación Neruda*

Comprensión

1. ¿Qué eventos de los que se habla crees que hayan impactado más la vida de Pablo Neruda?

2. ¿Qué temas son importantes en su obra?

Conversación

1. ¿Has leído alguno de los poemas de Neruda? ¿Te gustó? ¿Por qué?

2. En general, ¿te gusta la poesía?

3. ¿Puede o debe un escritor distanciarse de la política por completo?

Para investigar

1. Ve una de las dos películas sobre Pablo Neruda: *Il Postino* (1994), o *Neruda* (2016) y prepara una presentación para la clase acerca de otros eventos que afectaron su vida.

2. Lee uno o dos poemas de Neruda, y presenta tu análisis y opinión personal a la clase.

3. Explora la biografía de Federico García Lorca y lee una o dos de sus poesías. Después escribe un comentario personal acerca de sus poemas. ¿De qué hablan? ¿Te gustaron? ¿Te conmueven? ¿Por qué?

Las siguientes son citas tomadas de libros escritos por autores hispanos. ¿Cuál es tu interpretación de estas citas? ¿Estás de acuerdo con ellas?

> Es tan corto el amor, y es tan largo el olvido.
>
> Pablo Neruda

> Hombres necios que acusáis a la mujer sin razón
> sin ver que sois la ocasión
> de aquello que culpáis.
>
> Sor Juana Inés de la Cruz

> Si no te conozco, no he vivido; si muero sin conocerte, no muero, porque no he vivido.
>
> Luis Cernuda

> Acá hay tres clases de gente: las que se matan trabajando, las que deberían trabajar y las que tendrían que matarse.
>
> Mario Benedetti

> «Yo no hablo de venganzas ni perdones; el olvido es la única venganza y el único perdón».
>
> Jorge Luis Borges

> [...] los hechos son siempre vacíos, son recipientes que tomarán la forma del sentimiento que los llene.
>
> Juan Carlos Onetti

> Cuando creíamos que teníamos todas las respuestas, de pronto, cambiaron todas las preguntas.
>
> Mario Benedetti

Los siguientes memes están relacionados con temas de ortografía, gramática o de traducciones.

1. Explica si, en tu opinión, son graciosos u ofensivos y por qué.

2. Diseña un meme para difundir algo que hayas aprendido en este capítulo.

No es lo mismo decir
"la pérdida de mi hermana"
que
"la perdida de mi hermana".

Fotografía cortesía de Gerardo Kloss.

La importancia de los acentos:
No es lo mismo decir
"la violencia doméstica"
que
"la violencia domestica".

- Quiero verde, amor.
- ¿verde?
- Quise decir "verte". Es el autocorrector.
- Desconéctalo.
- Lla, aci no ay errores.

Tense?

Moody?

Irregular?

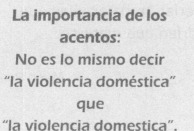

You must be a verb!

Antes no sabía inglés y era lavaplatos.

Ahora hablo inglés y soy dishwasher.

Public Domain Clipart pdclipart.com

Apéndice A

Reglas generales de acentuación

Palabras agudas: Se acentúan si terminan en vocal, o en las consonantes **n** o **s**.

| pantalón | patín | pincel | pared | José | . |

Palabras llanas o graves: Se acentúan si terminan en consonante, exceptuando la **n** y la **s**.

| regla | Cádiz | moda | perla | Pérez |

Palabras esdrújulas: Se acentúan en todos los casos.

| patético | mérito | pretérito | pérdida | básico |

Palabras sobreesdrújulas: Siempre se acentúan.

| permítemelo | escóndeselo | termínatelo |

Diptongos

Un diptongo es la combinación de una vocal fuerte (**a**, **e**, **o**) y una débil (**i** y **u**) en cualquier orden, o de dos vocales débiles. Los diptongos no se separan al dividir en sílabas.

| Vocal fuerte más débil: | *leucemia* | *auge* | *cauto* |
| Vocal débil más fuerte: | *fuente* | *fiera* | *guapo* |

Hiato

Un hiato es una secuencia de dos vocales que pertenecen a sílabas diferentes, y por lo tanto no constituyen un diptongo. La secuencia de vocales puede ser de dos vocales fuertes (mu-se-o), de dos vocales iguales (le-er, zo-ó-lo-go), o de una vocal débil y una fuerte, en cuyo caso el acento escrito recae sobre la vocal débil:

an-to-lo-gí-a   *ba-úl*   *paí-ses*

En las sílabas *gue*, *gui*, *que* y *qui* no hay diptongos porque la *u* no se pronuncia.

Triptongos

Un triptongo es una combinación de tres vocales en este orden: débil + fuerte + débil.

Los triptongos no se separan, sino que son parte de la misma sílaba.

Apéndice B

Actividades en Quia

Todas las actividades están listadas en la página de "español_como_herencia" de quia.com

(https://www.quia.com/pages/mcasas/page104).

Si no se cuenta con acceso a Quia, se recomienda pedirles a los estudiantes una captura de pantalla con los resultados de cada actividad que se haya asignado.

Unidad 1: Nuestra identidad

Actividad	Tipo de actividad	Fecha de entrega
SPN 214-Unidad 1_Mayúsculas y minúsculas http://www.quia.com/quiz/6445585.html	Quiz. Self-graded	
SPN 214-Unidad 1_Nuestra identidad http://www.quia.com/quiz/6445552.html	Quiz. Instructor graded	
SPN 214-Unidad 1_Ortografía de números http://www.quia.com/quiz/6022278.html	Quiz. Auto-graded	
SPN 214-Unidad 1_Ortografía -la interferencia del inglés http://www.quia.com/quiz/5520389.html	Quiz. Auto-graded.	
SPN 214. Unidad 1: Sílabas (1) http://www.quia.com/quiz/6445499.html	Quia. Auto-graded	
SPN 214. Unidad 1: Pluralización http://www.quia.com/quiz/6445562.html	Quiz. Auto-graded	
SPN 214. Unidad 1: División en sílabas (2) http://www.quia.com/quiz/6022282.html	Quiz. Auto-graded.	
SPN 214. Unidad 1: Ortografía (ph/tion/qua y consonantes dobles). http://www.quia.com/quiz/6445605.html	Quiz. Auto-graded.	
SPN 214: Unidad 1. Ortografía: Traducciones de cognados, diferencias ortográficas. http://www.quia.com/quiz/5624336.html	Quiz Auto-graded.	
SPN 214: Unidad 1. Ortografía→ los números http://www.quia.com/quiz/5624321.html	Quia Auto-graded.	
SPN 214. Unidad 1. Género y número. http://www.quia.com/quiz/6445555.html	Quiz Auto-graded	
SPN 214. Unidad 1. Partes del idioma http://www.quia.com/pop/686700.html	Pop Auto-graded	
SPN 214. Unidad 1. El género y el número de las palabras. http://www.quia.com/quiz/7221383.html	Quiz Auto-graded	
Cultura General: Las capitales http://www.quia.com/jg/519701.html	JG	

UNIDAD 2: Raíces hispanas y el idioma español

Actividad	Tipo de actividad	Fecha de entrega
SPN 214. Unidad 2: Conceptos de la lengua, el idioma y la identidad. http://www.quia.com/quiz/6450928.html	Quiz. Auto-graded.	
SPN 214. Unidad 2: Falsos cognados http://www.quia.com/quiz/6451108.html	Quiz. Auto-graded.	
SPN 214. Unidad 2: ACENTOS: Palabras agudas http://www.quia.com/quiz/5520417.html	Quiz. Auto-graded.	
SPN 214. Unidad 2: Conjugación de verbos irregulares en presente. http://www.quia.com/quiz/6451047.html	Auto-graded.	
SPN 214. Unidad 2-Reflexiones sobre el idioma http://www.quia.com/quiz/6450932.html	Instructor graded.	
SPN 214. Unidad 2: Verbos con cambio en el radical o irregulares. http://www.quia.com/quiz/5561518.html	Auto-graded	
SPN 214. Unidad 2: Vocabulario. http://www.quia.com/quiz/7221423.html	Auto-graded	
SPN 214. Unidad 2: Verbos recíprocos y pronominales http://www.quia.com/quiz/6451088.html	Instructor graded	
PN 214. Unidad 2: Acentos II (SPN 214) http://www.quia.com/quiz/5520379.html	Auto-graded.	
SPN 214. Unidad 2: El lenguaje coloquial http://www.quia.com/quiz/6451116.html	Instructor grading recommended.	
SPN 214. Unidad 2: Acentos: agudas, graves o (sobre)esdrújulas http://www.quia.com/quiz/5549854.html	Quiz. Auto-graded.	
SPN 214. Unidad 2: Variaciones del español http://www.quia.com/quiz/6451070.html	Instructor graded	
SPN 214. Unidad 2: Variaciones del español II http://www.quia.com/quiz/6451085.html	Quiz. Instructor graded.	
SPN 214. Unidad 2: Calcos, anglicismos y cognados falsos. http://www.quia.com/quiz/6454274.html	Quiz. Instructor graded.	

UNIDAD 3: Comida e identidad

Actividad	Tipo de actividad	Fecha de entrega
SPN 214. Unidad 3: El presente progresivo y el gerundio http://www.quia.com/quiz/6454215.html	Auto-graded.	
SPN 214. Unidad 3: Homófonos I http://www.quia.com/quiz/6454277.html	Instructor graded.	
SPN 214. Unidad 3: Vocabulario I http://www.quia.com/quiz/6454240.html	Auto-graded.	

SPN 214. Unidad 3: Ortografía: los homófonos. http://www.quia.com/pop/592421.html	Pop activity. Auto-graded	
SPN 214. Unidad 3: Por qué/ porque / porqué/ por que http://www.quia.com/pop/630622.html	Pop activity. Auto-graded.	
SPN 214. Unidad 3: Ser y estar http://www.quia.com/pop/602523.html	Pop activity. Auto-graded.	
SPN 214. Unidad 3: ¿Infinitivo o gerundio? http://www.quia.com/pop/5038.html	Pop activity. Auto-graded.	
SPN 214. Unidad 3: Prefijos y sufijos http://www.quia.com/quiz/6535924.html	Instructor graded	
SPN 214. Unidad 3: Puntuación (instructor graded). http://www.quia.com/quiz/6535972.html	Instructor graded.	
SPN 214. Unidad 3: Anglicismos y falsos cognados. http://www.quia.com/quiz/7221767.html	Auto-graded.	

UNIDAD 4: ¿Qué la historia los absuelva?

Actividad	Tipo de actividad	Fecha de entrega
SPN 214. Unidad 4: Para pensar en el vocabulario. http://www.quia.com/quiz/6555905.html	Instructor graded	
SPN 214. Unidad 4: Vocabulario **http://www.quia.com/quiz/7221795.html**	Auto-graded.	
Conjugación del pretérito (irregular y cambios de ortografía). http://www.quia.com/quiz/5520393.html	Auto-graded.	
SPN 214. Unidad 4: el pretérito. (Parte 2) http://www.quia.com/quiz/6555945.html	Auto-graded.	
SPN 214: hacer/ a ser http://www.quia.com/pop/630623.html	Auto-graded.	
SPN 214. Unidad 4: La diéresis. http://www.quia.com/quiz/6555992.html	Auto-graded.	
SPN 214. Unidad 4: Cognados falsos. http://www.quia.com/cm/720086.html	Auto-graded.	
SPN 214. Unidad 4: Homófonos http://www.quia.com/quiz/6576332.html	Auto-graded.	
SPN 214: Unidad 4: Traducción de verbos con preposiciones. http://www.quia.com/quiz/5549872.html	Auto-graded.	

UNIDAD 5: Mitos y leyendas

Actividad	Tipo de actividad	Fecha de entrega
SPN 215. Unidad 5: Vocabulario http://www.quia.com/pop/687761.html	Auto-graded	
SPN 215. Unidad 5: Pretérito e Imperfecto http://www.quia.com/quiz/5661385.html	Auto-graded	
SPN 215. Unidad 5: ¿Pretérito o Imperfecto? http://www.quia.com/quiz/3881812.html	Auto-graded.	
SPN 215. Unidad 5: Repaso de los acentos http://www.quia.com/quiz/7224247.html	Auto-graded	
SPN 215. Unidad 5: El imperfecto (conjugación). http://www.quia.com/quiz/7224044.html	Auto-graded.	
SPN 215. Unidad 5: Cognados y falsos cognados. http://www.quia.com/pop/687201.html	Auto-graded.	
SPN 215. Unidad 5: Pequeñas diferencias en el uso de artículos. http://www.quia.com/quiz/7224192.html	Auto-graded.	
SPN 215. Unidad 5: Pero, sino, sino que, ni http://www.quia.com/rr/1080392.html	Autp-graded.	
SPN 215. Unidad 5: Pretérito o Imperfecto. ¿Acción o descripción? http://www.quia.com/pop/592777.html	Auto-graded.	
SPN 215. Unidad 5: Por y Para http://www.quia.com/pop/687220.html	Auto-graded.	

Actividades multimodales en Internet

Español para hablantes de herencia, recursos OER

https://moodle.linnbenton.edu/course/view.php?id=13582

Made in United States
North Haven, CT
08 September 2024

57135534R00083